増補版

パンツをはいたサル

人間は、どういう生物か

栗本慎一郎

現代書館

もくじ

＊章の引用句は、ルーマニアの文学者、E・M・シオランの『誕生の災厄』（紀伊國屋書店）より。

新版へのまえがき

本書『パンツをはいたサル』は、最初一九八一年に光文社の「カッパ・サイエンス」シリーズの一つとして刊行された。その後、主としてウイルスとヒトとのかかわりを追った『パンツを捨てるサル』も刊行されたが、もともと最後に完結篇として『パンツを脱いだサル』を書くことになっていた。しかし、「カッパ・サイエンス」の一代編集長・新田雅一氏は癌でこの世を去り、同編集部も解散してしまった。新田氏を支えてくれていた『月刊宝石』元副編集長・神戸明氏も亡くなられた。その後、光文社にはもはやこのシリーズを立てなおしていくパワーは失われたようだったので、多くの関係者に感謝の念を捧げつつも現代書館社長・菊地泰博氏のご支援を得て、『脱いだサル』は同社から発行することとなったのである。

『はいたサル』で提起した過剰の蕩尽というヒトの性《さが》の行きつく先をどう考えどうすれば生きていけるかの結論（そこには、当然、提案も含まれる）は『脱いだサル』においてどうしても書いておかなければならない。そのとき『はいたサル』も読めるようになって刊行されていることが必要である。

『はいたサル』は、初版が出たほぼ直後から、完結篇たる『脱いだサル』を「将来」刊行することを前提にしていたが、二十数年の時を経ている。よって、多少の事実とか、学説への社会の評価とかを勘案して、新版において改訂させてもらった。けれども、改めて読み直しても、ギャグが古い、例のとり方が古い、とかいったこと以外に大きな改訂の必要を認めなかった。そこで、まえがきからはじめて、ほとんどすべて旧版を以下に収録することにした。

旧版へのまえがき

学問というものは、大きく二つに分けられている。自然科学と社会科学だ。哲学や歴史学を人文科学として、社会科学と分立させることもあるが、ふつうは、数量で測れない人間の諸活動の研究として、自然科学に対立する側に入れられている。

けれども、最先端の学者たちにとっては、このような区別は、いまや根本的に無意味となりつつあるようだ。宇宙や物性を研究していても、行きつく先は、やはり人間とは何かに戻って考えざるをえないし、人間の社会的活動を研究しているつもりが、いつのまにか人体内の筋肉における電流の強弱だとか、天体の運行と精神のリズムのかかわりについても考えなければならないことなってきている。

それでも、あいもかわらず、タコツボのような古い学問分野の枠《わく》にこだわっている学者もいる。しかし、そんなことでは学問が成り立っていけない時代の趨勢《すうせい》は、はっきりしている。ただ、日本の学界というものは、一度、教授の地位を占めたら、クビにはならないし、学問研究に自ら見切りをつけた科学者としての無能力者にかぎって、外に対して虚勢を張り、学内ではボスたろうと努力するものだから、外から偉そうに見える学者ばかりを見ていると、その実態がわからないだけの話である。

物理学だ、法学だ、生物学だ、経済学だといった枠にこだわらず、現代の科学や社会が抱えている悩みや難問に答えようとすると、もはや学際的といった〝甘い〟表現のレベルではおさまりきらないという強い決意が必要だが、考えてみると、アインシュタインなどは昔からそうした試みをしていたわけだ。つまり、現代の人間の諸問題に答えうる科学とは、近代の大学が教授をたくさん作るために、やたら分解してしまったナントカ学の数を減らして、人間の問題を包括的に考えるものでなければならないのである。

というと、すぐに、「総合科学部」だの「人間科学部」だのという名称だけ作って、なんとか学問のセクショナリズムはそのままにして、やはり三流教授の数を増やすことにしかならないのも困ったことだ。部分の総和は決して全体にはならない。個別のナントカ学の寄せ集めでは、現代の人間の諸問題、かつ地球上の諸問題に説明をなしうる学問などできるわけはない。

私が、この本で自ら学界の道化役《どうけ》を買って出て、少なくとも、生物学、物理学、法学、経済学、宗教学、精神分析学をゴタゴタにしたうえ、勝手にまとめてしまったのは、そろそろだれかアホが突撃して、大衆の目前で敵弾に当たって倒れる役も必要だろうと思ったことによる。これだけ杜撰《ずさん》な議論なら、あとから進む人も屍《しかばね》を乗り越えやすかろうという配慮までしておいた。

一九七三年、コンラート・ローレンツが生物学でノーベル賞をとって以来、世界には動物行動学ブームが起こり、一部では人間の行動は、すべて生物学的に理解、分析できるとの幻想も生まれた。人間は、「裸のサル」であるというデズモンド・モリスの所説は、部分的にはたいへんおもしろいが、人間における根本的な問題たるエロティシズムの存在や、道徳の堅持とその侵犯というおかしげな「行動」については、ふれることもできなかった。**つまり、根本が論じられていないということだ。**それに、**生物学は、「行動」について考察する手段でないと意味は九九パーセント失われるのである。**それに、人間はサルが裸になっただけでなく、パンツをはいて、それを脱いだり、脱ぐ素振りでオスを誘ったり、おかしげな行動をシステマティックにとっているではないか。

私流に言わせてもらえば、これらの行動は、人間にとって根本的な特徴であり、その他の生物からよく似た行動をさがして、対比してみせてくれる生物学者の説明は、**ご親切なことだが、実はまったく説得性がないものだった。**そこで私は、これらの「行動」が制度化されたものを、シンボリックに「パンツ」と表現し、人間はサルが裸になったものではなく、サルがパンツをはいたものだとして説明することにした。そうしたら、法律や経済だけでなく、人間の人間たる所以《ゆえん》の理性的だったり、馬鹿げていたりする、あらゆる行動がきちんと説明できたのである。

もちろん、私は動物行動学者ではなかったから、イヌだのトリだのを使ってデータをとったことはない。それらは、すべて、動物行動学者の報告を基にしている。しかし、ときどき、彼らの解釈に反対の解釈を与えているため、依拠した文献などは繁雑になるので挙げなかった。多くの勝手に使われた動物行動学者のみなさんには、まことに申し訳なく思っている。しかし、私の場合は、生物としてのヒトのデータには事欠いていなかったので、ヒトを対象とした新種の動物行動学者として認めていただいて、ノーベル賞戦線の一角にも加えていただければ幸甚である。

そして、その結果、この本は、先にも挙げた諸分野をみんなとりこむことになってしまった。こういうかたちの本を書くと、なかには学説のほうを変えて、大衆に迎合するかのような学者もいるが、私の場合は、権威主義まる出しの場より、このようないかがわしい場のほうが、より深層の真理に近づけると思ったのである。

この本を書かないかと言ってきた光文社の編集スタッフは、当初、かなりストレートに生物としてのヒト論をやってほしいとのことであった。私が「チョウの貨幣論」などと書いているのを読んできたからだ。しかし、私は、人間の動物性は八〇パーセント、人間の人間性（?）は二〇パーセントと強調し、この本の七章に示したポランニー兄弟の「層の理論」で押し切らせてもらうことにした。——結局、そのときにいろいろ根本的な質問をして私を困らせた新田雅一氏が、大きな役割を果たしてくれたのであった。

人間の八〇パーセントの動物性については、私はいつもテニスコートでスマッシュミスのたびに確認している。あれは、人間がかつての樹上生活をやめて、地上に降りてきたため、頭上の視空間がゆがんでしまった**ため**むずかしいのである。

この本ができあがるまでには、それなりの激論と喧嘩《けんか》があったが、お互い二〇パーセントの人間性に基づいてサル的引っ掻《か》き合いにならず、書き合い（？）程度でおさまったことは、人間にもまだ未来があると信ぜしめるに十分であった。

一九八一年春（二〇〇五年三月、**太字**の部分は加筆または改訂）

栗本《くりもと》　慎一郎《しんいちろう》

第一章　人間は知恵ある生物か

本来のオラン・ウータンとしては、人間は古参に属する。歴史を持つオラン・ウータンとしては、かなりの新参者だ。生の体系のなかで、いかに振舞うべきかを習得する間《ま》のなかった成上り者だ。

人間は、タコやエビよりも優《すぐ》れた存在か

約三万年前、後期更新世に地球上に登場したホモ・サピエンス、すなわち人間（新人）は、その他の生物にくらべれば、「知恵ある」動物だと考えられてきた。

いまでも、圧倒的に多くの人が、自分たち人間には近代科学があり、感情をコントロールする理性などもあるから、サルやネコ、あるいはエビやタコと根本的に違っていると考えている。

その他にも、人間は複雑な言語を持ち、文学や哲学を生み出し、いまやスペースシャトルで他の天体にまで飛行している。

それにひきかえ、サルやネコは、ロケットを作って他の星へ旅行することなど思いもよらない。たかだか、哀れにも人間の作ったロケットに無理やり押しこまれて、月へ飛ばされるのがオチである。

私は動物愛護協会に肩入れするつもりはないが、これは人間のサラリーマンが、僻地《へきち》に飛ばされたり、クビを飛ばされたりすることにくらべても、格段に救いのない「飛ばされ方」ではないか。

人間と他の生物が違うと思われていることは、まだまだある。直立二足歩行がそうであり、その他にも、状況を判断して未来を予測し、それに向かって対策を考えるという、いわゆる「洞察的行動」もある。

また、シンボル（象徴）を用いる能力も、人間と他の生物とを隔てる境界だと考えられてきた。なるほど、チンパンジーのように、木のうろに棒をつっこんでアリを釣ったり、ふたつの石を使ってヤシの実を割って食べたり、かなりがんばっているグループもいるが、ほとんどの生物には、これらのものの痕跡さえも見ることができないように思われる。

たとえば、エビに洞察的行動ができれば、人間に漁《と》り尽くされることはなかっただろう。ついには日本近海だけでは寿司種にまにあわなくなり、西アフリカ沿岸のエビにまで「救援」を求めなければならなくなることもなかったはずである。

ところが、「救援」といっても、食べられるための救援である。なんともはや馬鹿げているし、また、哀《かな》しい話ではないか。

もし、エビが理性を持ち、自らにふりかかる大量殺戮《さつりく》攻撃について言語で相談し、衆議一決、サッと逃げたり、人間の漁船を包囲して、エビ固めで追い払ったりできれば、かっぱえびせんに姿を変えなくてもすんだにちがいない。

もちろん、本当は人間の愛すべき友、エビやタコを自分の腹や舌の都合だけで、寿司屋で食べてしまう人間が反省すべきである。けれども反省さえすれば、やはり人間は優《すぐ》れており、万物の霊長であることは間違いないように見えるだろう。

たとえば、海や川や山の自然を守れという、きわめて当然の公害反対運動や、人類の未来を考えるシンポジウムといったものを拝見させていただいていると、基調には、地球に対する人間だけの重い責任といった認識があるようだ。それは、そうしたシンポジウムに、ネコの代表を呼べ、とか、ブタの議員がいないではないかといった議論が、いまのところまったくないことでもわかる。ネコどころか、発展途上国の代表が数揃えの意味ではなく、十分まともな意味で参加を求められているのかどうかということにも、私は少なからぬ疑問を持っているくらいだ。

もちろん、私は公害反対や平和のためのシンポジウムを支持しているし、それらを頭から茶化すつもりは毛頭ない。それらにも参加せず、ただ自分のことだけを考えている人びとのほうが圧倒的に多いのだから。

だが、問題は、そうした良識的な人びとをも含めて、人はみな無意識のうちに、人間を「知恵ある生物」だと考えていることにある。

戦争や大量殺人など、人類の数々の愚行を手ひどく批判している人でさえ、人間が「本来の知恵」をうまく働かせていないことをなげいている。ちょっと言葉をかえるなら、やはり人間は、本来は「知恵あるべき生物」だと考えていることになる。

つまり、知恵は、たとえいまは眠っていたとしても、いつかは目ざめるべきものであり、人類の未来をめざす活動は、その目ざまし時計だというわけである。

そこには、人間の知恵だとか、動物とは本質的に違う「悟性」だとかに信頼を置く基本姿勢がある。戦争、殺人、リンチ等々の人間の愚行は「非人間的なもの」なのだから、しっかりした対策を立て、立派な政策を「みんなで検討すれば避けられる」といった楽天的な思考がある。

いつのまにか、人間を中心にした生命尊重主義をなんの疑問もなく前提にしてしまっているようだ。

なぜ、「買春ツアー」が跡を絶たないのか

だが、ちょっと待っていただきたい。

人間は、知恵が眠りから醒《さ》め、戦争に至ってしまった経済体制の誤りを知れば、戦争をこの世の中からなくせるのか。親子仲よく、人類皆兄弟、そして、日本男子は絶対に悪名高いフィリピン買春ツアーに参加しなくなるのだろうか。

たしかに、私たちは、人類の破滅につながる世界戦争の再来を避けなければならない。また、国内では不便があるからといって、外国へ集団で押しかけ、現地の貧しい家庭出身の、若い女性の貞操を金で踏みにじることはやめねばならない。

だが、それらは、意識に目ざめさせたり、みんなでやめようと決議したりすれば、なくすことができるのだろうか。戦争は、あれはいけないことだと知り、戦争反対のスローガンを掲げることによって、なくなるのだろうか。

はっきり言おう。海外に市場を求める政策をやめても、戦争は決してなくならない。それは必要悪だということではなく、私たちのモラルの高低の問題でもないからだ。

第二章で述べるが、戦争の悲惨さや残虐さを知れば知るほど、心の中でそれを求める人びとが出てくるのである。また、だれしも買春ツアーの実態を暴《あば》いて批判しているうちに、言わないだけのことで「ん？　どんな娘だった？　チキショー！」という気持ちがふつふつと湧《わ》いてくるものなのである。なぜなのか。そのわけは第三章で述べることにしよう。

もちろん、このような発言は、「買春をやめさせる国民会議」のようなところではできない、なぜなら、それは建て前ばかりの場であり、人間が男であったり女であったりすることをやめろ、というレベルのことは要求しても無理だ、ということがわかっていない場でもあるからだ。

この本でしだいに明らかにするように、他人を殺戮《さつりく》することも、人間の本性の内部に問題がある。だから、私たちがもし、本当に戦争や親殺しをなくすことを求めるなら、低い意識や政府の誤った経済政策の覚醒《かくせい》などを求めても、なんの役にも立たない。本当は他になさねばならないことがあるのだ。事実の根を知って、そのからみついた根を一つひとつほぐさなければならないのだ。

そこで、まず、そのような考察に入るまえに、人間は、ほったらかしにしておけば、決して「知恵ある生物」でもなく、素晴らしい理性の働く存在でもなく、タコやエビ、サルやネコより、あらゆる面において優れた動物でもないことを知ってもらうことにしよう。

ヒトは、大昔から殺し合っていた

ヒトの社会には、戦争と殺戮が満ち満ちている。第一次大戦、第二次大戦、最近ではベトナム、カンボジアでの戦争、そしてアフガン内戦から対イラク戦争と、枚挙にいとまがない。

ルイス・リチャードソンが著わした『死闘の統計学』によれば、一八二〇年から一九四五年の間に、約五九〇〇万人もの人間が、戦争や殺戮などで殺されたという。

これは、歴史上明らかな事件だけから推定した数字なので、実際はこれよりはるかに多いにちがいない。ここには、旧ソ連スターリン政権下の粛清という名の虐殺がほんのわずかしか入っていない。一説には、この虐殺だけで六〇〇〇万人の人が命を落としているのだ。

このヒトの社会だけに存在する戦争と殺戮。それは、決して現代社会だけのことではない。読者のなかには、ヒトは大昔には、車や飛行機はないが、明るく楽しく、殺戮とは無縁の世界で暮らしていたと考える人もいるだろう。事実、つい最近までは、学界でも、ヒトはかつては平和で自由な楽園に住んでおり、そこから追放されたという「楽園追放」の神話が支配的であった。

しかし、残念ながらそんなことはない。人類進化の最も初期に位置するアウストラロピテクスの骨には、およそ戦闘の結果としてしか理解できない数多くの損傷がある。また、北京原人（ホモ・エレクトゥス）は、仲間の脳を食べていたといわれ、北京の周口店《しゅうこうてん》からは、その痕跡を示す頭骨が数多く発掘されている。

さらに、旧石器時代から新石器時代にかけての一六八にもおよぶ人骨の損傷例を調べた研究によれば、新石器時代の九六例中四七は頭蓋骨骨折、一六は上肢骨折、一四は下肢骨折、また、一六例の脊椎《せきつい》骨折、三例の胸骨骨折、一例の骨盤骨折などを見ることができる。

要するに、ヒトはその進化史の初期から、それなりに殺し合っていたということだ。それも、かなり積極的にである。スペインのカスティーラ地方で発見された旧石器時代の洞窟《どうくつ》画には、殺し合いや戦争のシーンが横溢《おういつ》している。

だから、攻撃なき原始社会という神話は、すでに過去のものだ。

たとえば、今日でも原始社会のかたちをとどめた生活を営んでいる狩猟採集民、カラハリ砂漠のブッシュマンや、タンザニアのハッザ族でも、厳しい縄張り争いやグループ間の攻撃の存在が認められている。

ブッシュマンなどは、かつては平和の民の代表のように考えられていた。しかし、彼らも、自らの縄張りが侵されると激しく戦うし、敵に対しては十分「残酷」である。

また、北アメリカ北西部太平洋岸に住むクワキゥトル・インディアンも、かつては攻撃や殺戮の本能が欠如していると言われていた。ところがである。

彼らは、冬の間、のべつまくなしに祭礼を行なっていた。その祭礼は、彼らにとって饗宴《きょうえん》であり、同時に定期市でもあった。人びとは、その場にさまざまな富を持ちより、他人に与えたり、交換したりした。これを「ポトラッチ」と呼ぶ。

この行為が〝極端〟になると、それこそ「戦争のように」相手に贈り物を与え、ついには相手を圧倒するために、目の前で自分の貴重な財物をただ破壊するという行為に至るのである。

このポトラッチは、自分自身の財物を壊すだけだから攻撃的ではないと言われてきた。しかし、財物の中には略奪してきた他の部族民の奴隷が入っており、彼らを殴り倒す特別な棍棒《こんぼう》もあったのである。そして、相手を圧倒する最高の行為は、相手の目の前での奴隷たちの殺戮《さつりく》であった。

また、財の中でいちばん大切なものである毛布を焼き捨てることも行なわれた。

まだまだある。よく未開社会の多くには、無意味な殺し合いや戦争は存在しないと言われてきたが、実態はそうではない。

かつてエスキモーと呼ばれたイヌイットの人たちは、自らの狩猟場所を思案しているところで他の部族に出会うと、それが敵かどうかを見きわめずに戦いをはじめた。

イヌイットの親は、自分の息子にこう教えねばならない。

「どんなことがあっても東の方向へ行ってはいかん。向こうにはセルキリサクがキャンプしている。あいつらは、ちょうど一人前の猟師になったばかりのおまえの兄貴を殺したのだ」

つまり、平和愛好者を喧伝《けんでん》されたイヌイットの場合でも、「ちょっと待て、殺すまえにもう一度」というわけにはいかないのだ。

アフリカのピグミーも同様である。彼らも「いざ鎌倉」に備えて、ちゃんと槍《やり》、半月刀、竹製の弓矢、棍棒、大きな楯《たて》などを用意している。彼らも「戦うべき」ときは戦い、「殺すべき」ときはいともあっさりと殺すのであって、他に優れて平和愛好的だとは言えないのである。

なぜ、戦争はなくならないのか

この「戦うべき」ときとか、「殺すべき」ときというのがくせものである。話を現代社会にもどして考えてみよう。一九八一年からアメリカ大統領になり、保守主義の強力な旗頭として敵、味方を問わずその実力を評価されたレーガンは、大統領就任演説でこう言っている。

「われわれが紛争に対して手控えていることを、意志がないと誤って判断してはならない。わが国家の安全を守るために行動が必要なら、われわれは行動する。テロを行ない、隣人から略奪する者に、このことを知らしめよう」

まさに、彼は戦うべきときは戦い、殺すべきときは殺しますよ、と言っている。彼の反対者たる反戦運動でも同じことが言える。つねに断固として「平和のために戦うぞ」ということを主張しているのだから。だれだって、実は半分は戦いたいのだ。ふだんおとなしくしていればいるほどそうである。なぜなら、それこそが「人間的」なことだからだ。

このことからすれば、「べき」ときが正しい場合かどうかの判断を取り去ってしまえば、人はみな、戦争の廃絶など本当には叫んでいないことになる。あるいは、組織的暴力を本当には否定していないことにもなる。

暴力を超える力があることを知らなければ、いかなる正義も別のかたちの暴力を生むしかないのだ。

たとえば、ある国が自国に「理由なく」侵入し、いたいけな幼子《おさなご》たちを殺し、若い女性たちを犯したらどうだろう。だれでも立ち上がり、侵入者を殺す「理由」を持つことになるはずだ。どこに、自分の婚約者に「平和のためだ。犯されに行ってこい」などと言う若者がいるだろうか。だれでも戦うにちがいない。

しかし、それでは、いったいだれが「敵」が侵入してきた、と伝えたのか。だれが自国の子どもたちが嬲《なぶ》り殺されるのを直接見たのか。だれがソ連軍が攻めてくる、などという情報を伝えるのだろうか。

異国人が団体で入ってくると、たとえそれが友好的な人びとであっても、人はすぐに砂かけばばあや妖怪・一反《いったん》もめんのごとき妖怪と考えてしまう。つまり、砂かけばばあや妖怪・一反もめんは、現実にいるわけではない。社会学が明らかにしているように、私たちの心の中には、よそのおばあちゃん（社会学的には制外者、異人またはよそ者と呼ぶ）が、砂かけばばあや妖怪・一反もめんに見えてしまう、という構造が存在しているのだ。

鬼が来て、子どもをさらっていったという流言は、親切な他国人が来て、ニコニコ顔で子どもにアメをやっていても発生してしまうのである。

このよそ者、制外者への特別な反応は、動物の社会にもある。メンドリの群れの中に人工的にトサカを変形させたメンドリを入れると、彼女は仲間から集中的な攻撃を受ける。

また、一九七三年にノーベル賞を受賞したオーストリアの動物学者コンラート・ローレンツによれば、ガンの群れでは、よそのガンの群れが近づくと、群れの内部の愛情と友情を示す挨拶の儀式が活発になり、グループ内の団結を強化し、闘いに備えるという。

さらに、もっと劇的な例は、イギリスの女性動物学者ジェーン・グドールが報告している。

グドールの報告によると、彼女が長年観察を続けていたタンザニアのゴンベストリームのチンパンジーの群れで、小児マヒが発生する。

その中の一頭、老いたマグレガーという名のチンパンジーは、下半身がマヒしているために糞《ふん》尿《にょう》はたれ流し、尻で地面をこするために皮膚は裂けて血がにじみ、傷口にはハエが群がっていた。もちろん、気の毒なことに群れの行動にも満足に参加することができなかった。

このマグレガーに群れの仲間はどのように反応したか。『森の隣人』という本の中で、グドールは、次のように描写している。

「ゴライアスは、逃げることも防ぐ方法も持ち合わさず、ただしゃがみこむだけの無力な老雄（老猿）を攻撃した。ゴライアスが彼の背中を連打している間、彼は恐怖のために顔が割れそうな見るも恐ろしい形相で、歯をむきだした。他のおとなの雄がマグレガーを威圧し、毛を逆立てて大きな枝で大地を連打した時……」

このマグレガーを残虐に攻撃したチンパンジーにとって、マグレガーは「よそ者」に見えたのだ。彼が、自分たちの群れとは異なった行動様式を示したので、攻撃性が拡大されたのである。

しかし、このような動物の攻撃性も、相手に殺戮という決定的なダメージを与えるまでには至らない。彼らには、同じ種同士の攻撃性をコントロールするシステムが存在するからだ。

ところが、ヒトの場合はそうはいかない。ローレンツが「敵の役割は、事物、抽象的概念など多岐に及ぶ。専制者、ブルジョワ、開拓者、ボルシェビキ、フン族、ユダヤ人、ドイツ人などが、好戦的熱狂を発生させるダミー（身代わり、替え玉）として役割を発揮する」と言うように、ヒトの心の中には、よそ者への潜在的な恐怖心がある。本当はやさしい外国人のおばあさんが、妖怪・砂かけばばあに見えてしまうのだ。

そして、ヒトは、砂かけばばあ一族に対して、子どもや娘を守る同胞愛に満ちた戦いに立つのである。つまり、戦争の「理由」なぞは、ヒトの本性に基づけば、すぐにできあがってしまうということだ。

あなたが、たとえ心やさしい自然保護を叫んでいるとしても、(あるいは、逆に絶対に正しいと思うことを叫んでいるからこそ) このように行動しないという保証はどこにもないのである。

さらに、ひとたび熱狂的戦いに立てば、核兵器発射のボタン係や爆撃機のパイロットにとっては、その犠牲となるヒトは、ローレンツいうところの「ヒトと呼ばれる権利を喪失した擬種」として映り、何のとがもなく殺すことができるのである。

悲しいことに、世界平和のため、ファシズムや大量虐殺をなくすため、という「理由」さえあれば、ヒトはいとも簡単に原水爆を投下することができるのだ。皮肉なことだが、ヒトは放っておけば、核兵器を廃絶するためにさえ、原水爆を投下するだろう。それを快感とするのが、ヒトの哀しい「本性」の一面だからだ。

ヒトラーや東条英機《とうじょうひでき》も「正義の戦い」に立った

このように考えると、ヒトラーや東条英機も、「平和のために正義の旗のもとで雄々しく」立ち上がり、人間として許すべからざる相手の行為から、自国を守るために戦ったという奇妙な事実の意味がよくわかるだろう。

負ければ賊軍で、鬼のように言われたが、ヒトラーなどは、あとでくわしく述べるように英仏のドイツへの不当な圧迫をはねのけ、国内外の不当利得生活者階級を打倒しようと主張する、庶民のヒーローだった。

東条英機もまた然りである。彼とともに戦争を遂行した近衛文麿《このえふみまろ》は、国民にこう呼びかけている。

「先進国は、現在までに悪辣《あくらつ》な手段で天然資源の豊かな土地を割取し、併合してきた。ところが、自分たちが十分版図を広めた後は、現状を維持するために平和主義を唱え、現状打破をめざすものに対しては、人道主義の敵だとして圧迫を加えている。世の中にこれほど勝手な話はない。正義人道に基づく世界各国民平等生存権確立のためにも、経済的帝国主義を排さねばならない。真の世界平和実現を妨げているのは英米である。彼らにわれわれを審判する資格はない。真の世界平和を希望することにおいては、日本は他のいかなる国よりも多くの熱意を持っている」

これを読んで、筋が通っていると思った人もかなりいるのではないだろうか。彼らの「正義のための戦い」の宣伝に押し流されておきながら、あるいは、それが大衆に浸透する現実的根拠（たしかに英仏がドイツに課した賠償金はあまりに巨額であった）を作っておきながら、手のひらを返すがごとくに、あの人たちは人間の屑《くず》でした、動物には屑はいませんね、などと言ってすませるのはおよそ無責任ではないのか。右翼と左翼——その境界は、実は微妙なものである。あなたはそこがわかっていない。

はっきり言おう。古今東西を問わず、人間が起こしたあらゆる戦争は、すべて正義のための戦いであった。

これは、イデオロギーと名のつくいかなるものによっても、根絶不可能な問題である。どちらが正しいイデオロギーかとか、どちらが真の革新か、などという問題の立て方では、なにも解決しないのだ。

さらに、人間には他の個体を傷つけることそれ自体に対する深層の希求がある。

ひと言でいえば、ヒトの持つ攻撃性である。これについては、現在ほとんどの生物学者が、生物としてのヒトには、遺伝的に備わった攻撃性が存在することを認めている。

ことわっておくが、ここで言う攻撃性とは、自らが生存していくために、たとえば、オオカミがヒツジを捕まえて殺したり、人間がウシやブタを撲殺して食べたりすることではない。同じ種に属する生物同士で殺し合ったり、傷つけ合ったり、あるいは、夜遅くなると男が愛する女性を「攻撃」したりすることを指して言っているのである。つまり、生存のためには無意味な攻撃である。

人間の世界に存在する国家、民族、部族といった立場性の違い、そしてヒトの深層にある攻撃性、このようなものが存在する以上、「理由のある」戦争は、どうしてもなくならないはずだ。しかも、あるグループにとっての正義のための「理由」が、他のグループの「理由」にならないとすれば、そこに生じる争いは、しょせん調整不可能ではないのか。

私は、戦争は必然だ、などと言っているのではない。戦争はなくせる。ただ、決意やこれまでの知恵だけでは、戦争という愚かな行為はなくならない、と言っているのである。実は、そんな多少の知恵があるからこそ戦争はなくならない、と言ってもいいのだ。

「洞察的行動」ができるから、ヒトは残虐になる

ヒト以外の動物も攻撃や闘争を行なう。自分の縄張りを侵す相手に対しては、つねに攻撃的である。

しかし、その場合でも、縄張りを守ることに重点が置かれ、相手に決定的なダメージを与えることは少ない。

たとえば、二羽のニワトリが縄張りをめぐって衝突しても、ふつうは二、三回くちばしでつつき合って優劣が決定し、闘争は終わってしまう。

オオカミに至っては、さらに優れた攻撃性コントロールのシステムを身につけている。殺戮の権化、恐怖の象徴、悪魔の使いなどと言われてきたあのオオカミがである。オオカミが攻撃的だというのは、自らの本質が攻撃的であるヒトが、他の動物も当然そうだろうと考えたためである。そのくせ実は、そういう哺乳類の例をなかなか発見できなくて焦っていた。そのとき、おそらく（その後の研究によってわかったことだが）ウイルスによる病が発生していたオオカミの群れが、「嚙む」ことに熱心だっただけのようなのだ。実際には、ある学者は、最後の柴オオカミのツガイ行動を調べるため奥さん（メス）の死体を車のウシロにつけて引きずって走り、その夫（オス）を捕まえようとした。夫のオスは、妻を求めて走り回り、疲れ切って死んだ。これが、

実は北米オオカミの最後のツガイだったのだ。このアメリカの動物行動学者のほうがめちゃくちゃに攻撃的ではなかったのか。

オオカミの闘いは、まず尾をピンと立てたり、肩や首筋の毛を逆立てたりする威嚇の行動からはじまる。鼻にはしわがより、犬歯がむき出しになる。イヌでおなじみのあのポーズだ。ここまでは、いわば外交戦、宣伝戦である。この段階で闘いが回避できないと、嚙みつき合いがはじまる。ローレンツによれば、そのときにもオオカミは相手の急所は狙わないという。しばらくお互いに嚙みつき合っているうちに、優劣が決まり、分の悪いオオカミは「服従の姿勢」と呼ばれるポーズをとる。背を下にして仰向けになったり、急所である頸動脈の部分を、勝者のオオカミの牙の前にさしだしたりする。場合によっては、尿を少しもらしたり、餌《えさ》をねだったりするような子どもっぽいポーズをとることもある。

いずれにしても、敗者が服従の姿勢を見せると、勝者のそれ以上の攻撃性は抑制され、決定的なダメージを与えるまでには至らない仕組みになっている。

その昔、詩人ダンテは、オオカミを見て、「獣に平和なし」と言ったそうだが、ただの認識不足である。私は、もしあの世に行ったら、彼にやさしく経済人類学の講義をしてやろうと考えている。

この攻撃性抑制のシステムは、鋭い牙という強力な武器を持ったオオカミが、同種間の殺戮を避け、種の維持をはかるために、自らの「意志」によって作り出したものなのである。

ところが、ヒトの場合、侵入した砂かけばばあを追い返しても、また新しい武器で攻めてきやしないかと心配して、その場での必要はなくても殺してしまう。そして、ひとたびばばあを殺せば、孫の男の子が復讐《ふくしゅう》にくるといけないので、人質にとったり、予防のための余分な殺人を行なう。戦国時代の一族皆殺しや、ベトナム戦争当時の「水田で奴らをやっつけなければ、サンフランシスコの街なかで奴らとわたり合うはめになるぞ」という流言が、そのいい例である。

考えてみれば、万里の長城などといった馬鹿げたものが作られたり、ソ連が攻めてきたらたいへんだといって、北海道の自衛隊を重点的に強化したりするのも、根は同じようなものである。このようなヒトの心の中にある恐怖心は、まさに洞察力とか考える力とかによるものである。洞察力があるから、枯れ尾花がユウレイに見えてしまうのだ。こんなことは、他の動物には絶対ないことだ。

たとえば、二羽のニワトリがいて、二、三回のつつき合いでお互いの優劣が決まったとする。ところが、負けた一羽はどうしても腹にすえかね、夜ごとトリ目を直す夜戦訓練をしたあげく、夜陰に乗じて敵を襲い、その首級をあげて高らかにトキの声をあげる。こんなことは、私の知るかぎり、まずありえないのである。

もし、その可能性があれば、勝ったほうのニワトリだとて、いったんは許したふりをして相手を住処《すみか》に帰してやり、あとをつけていって、敵方のニワトリ夫人をタマゴもろとも虐殺しなければ、夜もおちおち眠れなくなる。

これでおわかりいただけただろう。ヒトの愚劣な行為、戦争は、動物と同じ攻撃性に基づいているとともに、ヒトの「叡知《えいち》」そのものによって拡大され、残虐度を加えていくのである。洞察的行動があるから、「あいつらはこんな兵器を作っているのではないか。それに備えるには、この兵器を作らなくては……」ということになり、核廃絶はかけ声だけになって、果てしなく軍備がエスカレートしていくのだ。なにが「万物の霊長」だ。

これが生物としてのヒトの実相である。しばらくは我慢して、もう少しヒト固有の愚行について考えてみよう。私たちは、どうしてもヒトをニワトリの上に置きたがっているからだ。天はヒトの上にヒトを作らずというが、多くの人は、少なくともニワトリの上にヒトを作ったのは言うまでもない、と考えているはずだからだ。

ガス室にもバランスシートがある

まず、二九ページのバランスシートを見てもらいたい。これは、かの悪名高いホロコースト（ナチスドイツによるユダヤ人大量虐殺）のさい、西ドイツ国内にあったダハウ収容所の「まじめな」ドイツ人官僚が作っていた「ユダヤ人殺しとその生産および売り上げ」のバランスシートである。その「まじめ」さに、私たちは慄然とするしかない。

人殺しに売り上げがあるのかって？　もちろんある。役人とか学者というのは、なんでもまじ

ガス室の（アン）バランスシート

収入の部	支出の部
囚人１名１日の強制労働による生産　6マルク	囚人１名１日あたりの食費　0.6マルク
死体からの収入（金歯・衣類・銭貨・貴金属）　200マルク	囚人１名１日あたりの衣料費　0.1マルク
	ガス代（殺戮処理のための燃料費）　2マルク

1．収容者の平均生存期間を９ヵ月(270日)とすると、１日あたりの荒利5.3マルク×270となり、合計１名あたり1,431マルクの利潤があがる

1．死体1個についての平均利得は、200マルクとなる

1．以上、強制労働と死体処理による利得を合計すると、１名の収容者から計1,631マルクの収入となる

備考=死体の骨と灰は、〝廃物〟利用することができる

ホロコースト(ナチスドイツによるユダヤ人大量虐殺)のガス室にも、バランスシートがあった。

めに取り組まなければならないのだ。

その証拠に、ベトナム戦争当時、アメリカのあるエリート大学の経済学の教授が、ベトナム人を一人殺すのに必要なコストを算出し、コストダウンの方法を研究しているくらいである。

ウーム、実にまじめである。「まじめ」というものは怖いものだ。

しかし、この収容所は、ユダヤ人一人あたりの「省エネ」的生産性向上については、まだまだ遅れている。死体の骨と灰の利用については、まだ実行に移されていない。かの有名なアウシュビッツのように、骨や灰はキャベツの肥料

に、髪の毛で絨毯や靴を作り、死体の脂で石けんを、とまでは「合理化」されていないのである。それにしても、一人一日平均六マルクも生産しているのに、殺すのにガス代が二マルクとはふざけているとは思いませんか。焼かれる人は、九カ月も働いているのだ。ひどい「搾取《さくしゅ》」ではないか。もう少し、手間ひまかけて殺したらどうだ、などと怒ってはいけない。

経済学的にみれば、コストは苛酷《かこく》（?）な労働に従事しているまじめなドイツ人係員の給料や、福利厚生費も考えておく必要がある。係員だとて、神経をすり減らす労働をしているのだから、ガス殺人のあとには、モーツァルトのレコードを聴いて気分転換をしなければならない。

また、収容所の図書室には、係員の「教養」のためにヘルダーリンやゲーテの作品も購入しておかなければならなかったのだ。これも「経費」として確定申告できる。

アウシュビッツをはじめとする各収容所には、音楽隊さえあった。囚人のなかから音楽家を集め、ガス室への行進や銃殺刑のときに（気分をやわらげるために?）演奏させただけでなく、日夜、係員の憩いのために演奏会を開いていたのだ。なかには、モーツァルトに涙したり、自分の好みでひそかにユダヤ音楽をリクエストした親衛隊員もいたのである。

人類はナチスとヒトラーの再来を防げるのか

あなたは、ガス室のボタンを押すナチの係員が、ゲーテを愛読したり、モーツァルトの旋律に滂沱《ぼうだ》として涙する光景を笑えますか？そして、このようなヒトだけにしかないブラックユーモアに耐えられますか？

私たちが、やれタヌキ寝入りだ、ヒトを騙すだのと馬鹿にしているタヌキが、この事実を知ったらどう思うだろうか。きっとヒトを馬鹿にするにちがいない。このようなひどいパラドックスはタヌキにはないし、そもそもタヌキのアウシュビッツなどできるわけはないからだ。

それでは、このナチス、そしてホロコースト、その実態を知りさえすれば、私たちは再び起こさないと誓えるのだろうか。そういう平和運動などは、甘いと言わざるをえない。

近年、なにか気に入らない反対グループや、あるいは自らの理解の範疇《はんちゅう》を超える集団が登場すると、やれ反動だ、あれはファシズムの前兆だとか言ってレッテルを貼《は》るのがはやっている。とくに、世間では進歩的、良心的だと思われている知識人にその傾向が強いようである。

しかし、まえに述べたように、そもそもナチズムやファシズムは、社会情勢に敏感に反応し、進歩的なスローガンを掲げて登場して、大衆の支持を得た「社会主義」だったのである。

たとえば、ナチス（国家社会主義ドイツ労働者党）は、その綱領で「階級差別のない〈労働者国家〉を作り、物価を切り下げ、利子奴隷制の廃止、不当利得者の処罪を通じて経済の健全をはかる」とうたっていた。

ユダヤ人に対する集中的な攻撃にしても、もともと労働者大衆には、ユダヤ人が資本家階級の不当利得の代表として映っていたことに起因していた。人種問題よりも、階級問題だったたというわけだ。

だから、後年の中国の文化大革命が、資本主義に同情的な人びとを集団的にリンチして気分をすっとさせたのと根は同じなのである。実際、文化大革命で起きていたことが、アウシュビッツとどの程度違うものなのか、私たちは自信を持って言いきることはできない。

あげくに、ナチスは、現在の日本人インテリにも受けそうな政策を打ち出している。学校を一部エリートの手から解放し、地域共同体のサロン的中心のようなものにして、大衆の手に奪還しようというのである。

額面どおりに受け取れば、どこぞの革新政党より、よっぽどましだと思う人も多いだろう。実際、ましだったからこそ「大衆的支持」をかちえたのだ。恐ろしいことだ。

また、ドイツ大衆の英仏への怒りを結集することになった原因は、ヒトラーがつねに「だれが真の帝国主義者か」を繰り返し訴えていたことによる。

事実、第一次大戦の結果、ドイツを収奪したのはまぎれもなく英仏である。さらに、ヒトラーの「戦争でいちばん利益を得たのはだれか」という問いかけに対しては、あらゆる学者が諸手《もろて》をあげてヒトラーに賛同し、「それはアメリカである!」と叫んだ。論理は単純だが、残念ながら正鵠《せいこく》を射ている。

もちろん、ナチスにはその発生の当初から、やや暴力的な要素があったことは否定できない。これは、のちに過大に宣伝されることになる。

しかし、演説会場でのプロ的反対派の野次以外には、手を出さなかった。なぜなら、出だしのころのナチスは弱小政党で、会場で派手に殴り合って演説会を目茶目茶にすると、聴衆から募金が集まらなくなってしまうからであった。ナチスは、乏しい財政を支える募金欲しさに、できるだけ我慢していたというのである。

ここまで読んできて、ナチスはいい政策を掲げているし、けっこういじらしいではないか、などと感じる人がいるかもしれない。

問題はそこにある。そんなことで新たなナチスの擡頭《たいとう》を防げるのか。私自身は、だれがナチス的であるかはわかるつもりだから、少なくともナチスに入らないようにすることはできる。けれども、ナチズムやファシズムを悪の権化だ、人間の屑だと痛罵《つうば》し、レッテルを貼ってまわるだけの人は、逆にいちばん危険である。

ドイツ人は、世界で最も「理知的」だといわれている。その国民があのような経験をしたことは、ただ単にひと握りの指導者の悪意や、性格的な欠陥の問題ではないことがわかる。ヒト全体の心の中にその要素があるということなのだ。

ナチスが「真の帝国主義者」や、働かざる資本家階級を攻撃し、学歴社会を痛烈に批判していたことを知ったら、あなたは少しは憂うつになってくれねば困る。つまり、ひところ革新団体が掲げていた「一五の春を泣かせない」という（高校に全員を入れろという）スローガンは、ナチズムにぴったりで、ヒトラー的スローガンだということだ。

ファシストを攻撃しているつもりが、いつのまにかファシストになってしまった、などというような逆説が、ヒトの社会には山のようにありうるのだ。

事実、イタリアのファシズムは、初期にはまじめな社会主義者を数多く吸収した。彼らはファシストを経た「長い旅」ののち、戦後、イタリア社会主義の再建のために働くのである。「長い旅」とは、そうした経験をしたサングランディという人の著書名である。

教訓は「歴史」だけから求めることはできない。問題はヒトの本性なのである。

生物としてのヒトの行動をよく考えねば、私とてもまた、ゲーテを読んで心をいやしながら、ガス室のボタンを押し、社会革新を求めて、とどのつまりはナチズムを招来することになるだろう。ネコやタヌキにヒトラーは出ない。世界征服を狙うチンチラ・ネコのファシズムなんてものはありえない。ヒトがネコより絶対に知恵が上だなどと、どこのだれが決めたのだろう。

限りなきヒトの愚行

もっと憂うつになろう。憂うつになりきれば、逆に必ず光が見えるからである。

抑圧された民族が、自由の新天地を求めて戦い、「解放」を克《か》ち取ると、次にはだれか他人を抑圧するというケースは、私の最も嫌《きら》いな、しかし、やけにたくさんある歴史の遺産だ。

ブリテン島でイングリッシュ（イギリス人）にひどい目にあっていたアイルランド農民や、旧スコットランド王国の民衆は、新天地をアメリカに求めた。それは良かった。しかし善良なアメリカ南部人となった彼らは、インディアンを虐殺し、アフリカ黒人を牛馬のように酷使した。その酷使された黒人の末裔《まつえい》であり、『ルーツ』の作者アレックス・ヘイリーのルーツは、西アフリカのダホメ（現ベニン共和国）だが、もともとダホメ王国は、近隣の黒人を白人に売り渡す「奴隷商人」の国であった。もちろん、黒人がさらに弱い黒人を積極的に白人たちに売るのである。暗い話だが、事実である。

目を現代に転じても、ベトナムやカンボジアでは、民族解放の気高い若者の熱情が、次の世代では、さらに別な民族の抑圧へのエネルギーに転化されている。

アメリカ帝国主義と戦っていたころのハノイは立派であったが、アメリカが引っ込むと、かなりひどい政治的能力しか示せなかった。

私が「解放後」十年のハノイを訪れたとき、いたいけな少女たちは、子どもを背負って旅行者の私たちに金や物をせがんだ。少女乞食隊である。

私が注意して見ていると、少女たちは、はっきりした組織を持ち、路地裏のボス（といっても、日本でいえば小学六年生くらいの少女）のたたく金属食器の音の合図で、さっと散って行動していた。警官たちが、一応はチェックしているからだ。

少女乞食隊のひとりの、八、九歳とおぼしき少女に少し金を渡して家をたずねると、なんと通りの目の前の小さなドアがそうであった。ドアが開き、少女が入るのと入れ違いに、明らかに元兵士と思われる若い父親が、ナイフを二本持って出てきた。

「ベリー・バット」

ひどい発音の英語で、彼は私を脅した。彼は二本のナイフを自分の顔の前でチャリチャリと磨く動作をした。精悍な父親と私は、一〇メートルほどの距離をおいてにらみあった。

しかし、私はこの男と気持ちが通じ合った気がした。彼も私も、哀しかったのだ。何が解放十年なのか。ふたりとも心の底から怒っていた。何に対してかと言えば嘘ばかりの正義とイデオロギーにである。解放のために英雄的に戦った若者が、祖国解放後に得たのは貧しい刃物とぎの職とわずかな銭貨を求めて外国人に小銭をねだる少女の父親の位置だったわけだ。

また、長征時代の毛沢東は、世界の良心のように言われたが、ひとたび権力を握ると、政敵の足を引っぱるために文化大革命の裏面で見苦しく暗躍した。中国びいきの進歩派が、自民党の腐敗政治を批判する資格などはない。

限りなく哀しい話である。しかし、現実の歴史を直視すれば、このような例が山ほどあることに気づくはずである。問題は、直視する勇気だけだ。

問題をもう少し個的なものに移してみよう。日常生活に密着した、家庭や性などについてはどうだろう。

しかし、ここでもヒトは哀しく愚かである。オーストリアの精神分析学者フロイトが言うように、ヒトには自らの親（ことに父親）を殺して、それになり代わりたいという潜在的願望がある。

父親を殺せば、母親や姉妹など、家族内の女性を独占している位置になり代われるのだ。ヒトは王を殺せば王に、ジョン・レノンを殺せばジョン・レノンになれると無意識に考えている。

いっぽう、親は親で、他の生物にくらべて異常に手間のかかる赤ん坊にてこずり、昼間は可愛い可愛いと頬ずりしていたわが子でも、疲れて帰った夜中の狭い二DKでギャアギャア泣かれると、「死ね、この餓鬼《がき》」という気持ちになるのをそっと哀しく抑えねばならない（抑えない若い親もたくさん出る）。

なり代われるかどうかは別にしても、社長や部長をバットで殴り倒したいと思う人は数限りないが、実行に移す人はわずかだ。しかし、はっきり言えば、だれもがそう思っている。そして、たとえそう思われる立場でも、社長になりたいとだれもが哀しくも思っているのである。

親殺し、子殺し、王殺し、社長殺し、教授殺しは、ヒトの心の中につねにあっても、ふつうはそれがタブーというものによって抑えられている。なぜなら、だれもが深層の無意識をストレートに表面の行動に出せば、ヒトの社会は成り立たないからだ。しかし、心の底ではつねにそうした希求があるために、ヒトは我を忘れたり、ヒトの社会の維持のために求められているヒトとしての演技の役割を忘れると、親でも子でも殺してしまうのである。

つまり、カッとすると何をするか知れない生物、それがヒトである。動物も、親や子を殺すことがある。けれども、動物の親殺し、子殺しは、ヒトとはひと味もふた味も違うのだ。

京都大学霊長類研究所の杉山幸丸《すぎやまゆきまる》教授は、インドに生息するハヌマンラングールの子殺しの例を報告した。

ハヌマンラングールは、一頭のオスを中心にして、一〇頭ぐらいのメスが集まって群れを構成する。群れの周りには、群れからあぶれたオスが集まり、オスだけのグループを作って生活する。オス・グループのメンバーは、入れ代わり立ち代わり群れのリーダーに挑み、勝利を収めると、リーダーを群れからたたき出し、グループのボスが新しいリーダーになる。

ここですごいことが起きる。新しいリーダーは、群れにいる赤ん坊を片っ端から殺していくのだ。この光景を見ていた群れのメスは、次々に発情し、新しいリーダーと交尾をはじめる。

この世界中の霊長類学者を驚かせたハヌマンラングールの行動について、日本モンキーセンターの河合雅雄《かわいまさお》所長は、こう言っておられる。

「種の維持にとって大切なことは、健康な子どもをどんどん産むことである。そのためには、健康で優れたオスが種をつけることだ。リーダーの交代は、次々に優れたオスがとって代わり、よい子孫を作るという性的淘汰《とうた》のための社会過程なのである」

つまり、このハヌマンラングールの子殺しは、ヒトの社会でコインロッカー・ベイビーがはやったり、親が、生まれてくる赤ん坊を何人も床下に放り込むのとはわけが違うのだ。

たとえば、こんな光景が想像できるだろうか。オオカミの親父が、仲間と一日中、餌を求めて走り回り、ひとかけらの肉にもありつけずに、とぼとぼと巣に帰りつく。もちろん、カラオケ・バーや雀荘《じゃんそう》にも寄らずにだ。

待ちかねたオオカミのおっかさんは、亭主の甲斐性《かいしょう》のなさをなじり、子どもは、ひもじさに耐えかねて泣き叫ぶ。はじめのうちは我慢していた親父も、ついにたまりかね、いちばんうるさい子どもを噛み殺す。

いくら売れない童話作家でも、こんなストーリーは書かない。こんなことは、人間からは悪の象徴のように思われているオオカミの社会でも、起こるはずがないからだ。

もちろん、ナチスのガス室殺人係官だとて、家では腹の立つこともあるだろう。「あなたは苛酷な労働の割には、給料が悪いじゃないの。それにこのごろは回数も少ないし……」などと妻になじられ、カッとして平手打ちにしてしまう。ところが、すぐに「理性」を失ったことを恥じたりして、勤務評定を良くするために、囚人一人あたりのバランスシートを「冷静」に作ったりするというわけだ。理性あるヒトとは、なんという愚かな動物なのだろうか。

人間についての根本的誤解

いままで述べてきたことからわかってもらいたいことは、「洞察的行動」ができるから人間になれたというのは、まったくの誤解だということだ。逆に、それがあるからこそ、人間は他の個体に対して、必要以上に残虐にならざるをえなくなったのである。

それでは、人間の特徴のひとつだという言語とはなんなのだろう。「言葉のいらないほどの幸せ」

ということを言ったのは、ルーマニア出身の文学者E・M・シオランだが、まえに紹介した原始狩猟採集民のブッシュマンは、朝から晩まで狩りをしているあいだ、ひと言も言葉を発しないという。少々照れくさいことを言わせてもらえば、愛し合う男女は、いっしょにいれば、ひと言もしゃべらなくても十二分の幸福感にひたれるというものだ。

言葉は、それがなければお互いの意思が通じ合わず、まずい状態になるということがあって、はじめて必要となったものだ。つまり必要悪である。また、社会的状態がそのような必要悪を要求する水準に陥ったから出てきたものだ。

文字もまた、交易の記録や法律を書きつけたり、王や天皇の歴史を書き残すために使われはじめた。人類史上最初の文字は、バビロンの神殿に残された交易記録である。神殿が交易の場となるというのは、「ゴマカスなよ」という意味で、つまり、だれもが交易の物品をごまかさなかったり、法律以前の道徳や集団的規範を破らなかったり、王や天皇の系譜に一点の疑念もさしはさまなかった段階では、交易の記録や歴史を書きつけるための文字などは必要とされなかったのである。

第五章でくわしく述べるが、近年まで存在したアフリカの無文字社会の研究が進むにつれ、言語や文字のあるほうが進んだ社会だ、などという神話は過去のものとなった（はずだが、まだわかっていない人も多い）。

法のなかでも、人間にとって最も基本的な規範、「人間の肉を食べてはいけません」などということは、どこの国の憲法にも書かれていない。書かれていることは、しっかり書いておかないと危ないこと、すなわち、戦争の放棄だとか、男女の同権だとかである。わざわざ言わなくてもやりっこないことは、いまでも法も言語も文字も要らない次元で処理しているわけだ。

人間は直立歩行して道具を使うから、他の動物より優れているという誤解もあった。では、道具を使ったら、何がよいのだろうか。ひと言でいえば、生産性が高まるということに尽きる。

しかし、生物としてのヒトが、種を維持し、生きていくために生産性の高さが必要だったわけではない。第二章でくわしく述べるが、ヒトは、個体の生存と種の維持のために、太陽や地球から十分なエネルギーを得ている。むしろ過剰なくらいだ。

つまり、ヒトは道具を使って、生産効率を高めたが、これは生きていくための必要悪でもなんでもない。なんのためか？　実はパンツをはくためなのだ。

驚いてはいけない。パンツは、もともと裸で暮らすこともできたかもしれないヒトの先祖にとって、物理的最小限には不要なものであったことは明らかだからだ。

それでは、不要なものをなぜはいたのか。

ヒトは、「パンツをはいたサル」である

まえに述べたように、ヒトには他の動物と同じように、あるいはそれ以上に遺伝的に備わった

攻撃性がある。また、それ以外にも、ヒトと哺乳類一般とが共通する要素をあげていけば、枚挙にいとまがない。

それでは、ヒトの行動は動物行動学の枠の中ですべて語れるのだろうか。イギリスの生物学者デズモンド・モリスが言うように、ヒトは「裸のサル」であり、サルが毛をなくし、裸になっただけなのがヒトなのだろうか。

そうではない。ヒトは、サルが裸になっただけではなく、物理的にも行動（哲学）的にも余分に「パンツ」をはいている。すなわち、パンツをはいたサルである。重要なのは、裸になったからパンツをはいたのではなくて、パンツをはくことがひとつの「進化」だったから裸になったのである。

直立したから手で道具を使えるようになったのではなく、（総体的に見たらだが）道具を使うことを種として選択して直立した、と考えたほうが納得がいく。

また、そのほうが、ヒトの最もヒト的な行為と思われる社会制度をめぐる活動、すなわち、法律、国家、経済等々についての本質の理解に、一歩も二歩も近づけるのである。

少なくとも、道具の使用や言語の使用も含めて、それら「パンツ」が存在する（しはじめる）ことを前提にして、ヒトは進化したのである。

いうなれば、ヒトが生存し、種を維持していくために必要な、最も根源的で物理化学的な部分は、一見、まさしく動物だが、さらに、そこに「付与」された部分がある、ということだ。それを指摘できていないモリスの説に、私は正面から反対である。モリスの説では、ヒトをヒトたらしめる基本的に重要な生物的（あれは生物的なんだ）要因——哲学や道徳や集団的行動のあれこれ——に触れることもできないからだ。

人間の行動における動物との共通点をさがすだけの動物行動学は、無意味である。反対に、人間と動物の本質的違いを明らかにするような動物行動学が必要だろう。それこそが、ヒトと他の動物を隔てるルビコン川である。この本で「パンツ」と表現されるものがそれだ。そこで、この「付与」されたパンツとは何かを、次章以下で激しく追究していくことにしよう。

第二章　おカネという名のパンツ

遺伝にむかって謀叛を起すのは、数十億年の歳月に対して、第一番目の細胞に対して謀叛を起すことである。

ヒトだけが、おカネを使う動物である

ヒトを除けば、おカネ（貨幣）を使う動物はいない。チンパンジーは道具を使い、人間の言葉を少し覚えることが知られているが、おカネを使えるという話は聞いたことがない。

ただし、おカネの定義を、交換手段と限定すると、似たような例はある（第三章で紹介する）。けれども、おカネ、すなわち貨幣は、決して単なる物的交換の媒介《ばいかい》物ではないから、おそらく、どんなに教えても、動物はおカネを使うことは覚えられないだろう。

この点から言えば、おカネを使うか使わないかが、ヒトと動物を区別する最大の目安になると言える。

もちろん、世の中にはおカネを使わない人だっている。さる財界の大御所は、おカネというものを持ち歩いたことがないそうだ。また、いわゆる「未開社会」のなかには、近代社会的な意味でのおカネを持たない社会が多い。しかし、前者は自分のかわりに秘書が支払いをすませてくれる、まことにもってうらやましき存在であって、決しておカネを使わないわけではない。後者は、のちにくわしく触れるように、形態こそ違え、本質的にはおカネに相当するものを持っている。

なぜ、ヒトだけがおカネを使うのだろうか。その疑問は、なぜヒトがパンツをはくようになったのか、という疑問と同じく、ヒトという動物の謎《なぞ》を解く重大なカギなのだ。ここでは、おカネすなわち貨幣、あるいは生産、交換といった、これまで経済学のなかで扱われてきた問題に、新しい光を当てていきたいと思う。

これまでの経済学によれば、人間の経済活動の基軸になっているのは、生産と交換であると言われてきた。俗な言い方をすれば、食うために何かを作り出し、それを必要なものと交換して生活を維持する、ということである。

しかし、この考え方が完全な誤りであることが、しだいにはっきりしてきた。生産も交換も、実はもっと根深いヒトの本性に由来しており、そこを明らかにしないかぎり、人間の経済活動も本当に理解することはできないのだ。

人間の歴史をさかのぼっていくと、組織的な生産、そしておそらく交換をも行なった最古の人類は、いまから数万年前にいたネアンデルタール人である。二三〇〇万年前からアフリカで栄えたアウストラロピテクスは、直立して二足歩行をし、簡単な骨器や石器を使い、集団で獣を狩って暮らしていたらしい。

彼らの残した遺物からは、石器にするための原石が「交換」されていたらしい形跡すらうかがわれる。

だが、ここで言う「経済活動」とは、単に物理的にこの世に生存するための諸行為を指すのではない。それだけのことなら、サルもオオカミも、エビもタコも行なっている。

もっとも私としては、エビやタコが餌をとったり生殖したりする活動を、広い意味での経済活動と呼んでもいいのではないか、と考えている。生態学とか動物行動学は、まさにその広い意味での生物の経済学だ。そして、ヒトもエビやタコと同じ動物と見て、その経済活動を観察すべきだと思う。

とはいえ、ネアンデルタール人より後のヒトが、他の動物と決定的に違った経済活動をしていることがある。それは、ヒトが、生きるのに必要以上のものを意識的に生産するようになったことである。

ヒトは、自然からの「はみ出し者」である

そもそもヒト自体が、自然界のなかでは「はみ出し者」である。

ヒト自体が、自然のなかにあって過剰な存在であると言うことができる。ただ単に、人口が増えすぎたというだけではない。自然界のバランスを崩すことなしには生きられない動物という意味で、はみ出し者であり、過剰な存在なのだ。ヒトは必要以上に、他の種の生命を奪い、ヒト自体の仲間も殺戮して生きている「醜い存在」でもある。

あなたもよく知っているとおり、地球上では、単細胞の微生物から霊長類に至るまで、微妙な調和を保って生きている。土の中にいる目に見えないバクテリアでも、それがいなくなると、自然界の様相ががらりと変わってしまうのだ。

「調和水槽《アクアリウム》」というのを知っているだろうか。適当な大きさの水槽に清潔な砂を敷き、二、三本の水草を植え、水を注ぐ。ここに、小魚を二、三匹と、水槽の清掃夫というあだ名を持つタニシを加える。

この水槽を適正な日光と温度がある場所に置いておくと、ときどき餌や蒸発した水分を補給するだけで、安定して調和のとれた生態系ができあがる。熱帯魚を飼うときのように、空気をコンプレッサーで送り込んだり、ヒーターをつけたり、水槽内の水をきれいにする濾過装置も要らない。つまり、水草が出す酸素で魚や微生物やタニシが呼吸し、魚が出す炭酸ガスで水草が生長する。魚の糞は底にたまって分解され、水草の栄養となる。餌の食い残しはタニシが食べてしまう。この循環がうまくいくような日光と温度が得られる場所に置けば、水槽は永く一定した状態を保っていけるわけである。

ところが、欲を出してこの水槽にほんのもう一匹小魚を加えると、たいへんなことになる。酸素が不足して、まず微生物が死に、その死骸《しがい》を食うバクテリアが異常増殖する。そのために酸素不足はさらに深刻化して、ついには魚たちも死にはじめ、水草も腐っていく。ひとつの世界の死滅である。

似たようなことが、地球に起こりはじめた。

地球も、一個の巨大な調和水槽だ。もちろん、机の上の水槽に比較しようもなく大きく複雑ではあるが、そこを貫いている原理は変わらない。生きとし生けるものが、生存と生殖に必要なものだけを生産—消費して調和を作りあげている。

だが、ヒトだけが違った。ヒトは、自らの生存と生殖に必要以上のものを、生産—消費する生物となった。この時点から、ヒトは地球という調和水槽におけるはみ出し者、過剰な存在として歩みはじめた。

とはいえ、もし仮に、地球が保有しているエネルギーがもっと少なかったら、ヒトといえどもはみ出し者になることはなかったろう。何億という種類（一説には四億以上と言われている）の生物が調和し合って、ぎりぎりに生きていけるエネルギーしかなければ、もとから「はみ出し者」など、存在しようがないからである。だから、人間は地球のはみ出し者だが、地球自体が、どこか根本的なはみ出し的存在なのかもしれない。

中生代に地球上をのしまわった恐竜たちも、あり余る地上のエネルギーを利用して繁栄し、種類と個体数と自らの体軀を肥大させた。そして、忽然と、おびただしい化石を残して絶滅してしまった。

なぜ、恐竜はかくも唐突に絶滅したのか、原因はいまだ具体的には発見されていないが、ネメシスという太陽の連星が彗星を地球に引き寄せ、大量の隕石を地球上に降らせた結果、地球の上空を数カ月にわたって砂塵が暗く覆い、地表の温度を急激に低下させたために、恐竜をはじめとする多くの生物が絶滅してしまったらしいのだ。

このネメシスは、約六〇〇〇万年ごとに地球に隕石を落下させる。だから、地上の生物はすべて六〇〇〇万年の周期でいったん死に絶えてしまうことになる。それでも地球上のエネルギーは過剰であり、上空の暗雲（砂塵）がなくなれば、必ず再び生命が復活してくるのだ。われわれヒトをふくむ全地球の生物の活動は，このネメシスの活動のあいま六〇〇〇万年のあいだの幕間劇のようなものだ。

これは、おそらく原水爆が全人類をいったん絶滅させたとしても、同種の生命の復活があるだろうことをも意味している。

このように幸か不幸か、地球にはエネルギーが満ちあふれていたし、エネルギー危機が叫ばれている今日ですら、全地球のエネルギーは圧倒的に過剰である。太陽が地球に向けて送ってくるエネルギー量は一時間あたり一四万八七〇〇×10^{12}キロカロリーという、とてつもない量と計算されている。このうち七〇パーセントは、反射などによって地球外にはじき返され、およそ三〇パーセントが地球上にとどまる。それでも現代において全地球が消費するエネルギーはそのまた〇・〇一パーセント強にすぎない。

ヒトは、このようにあり余るエネルギーを利用して、自らに必要以上のものを生産しはじめた。もちろんその結果として、自分たち自身をも、過剰に生産しはじめる。人間にとって、人間そのものが過剰になってしまったのである。

積み木くずしと聖と俗

旧来の経済学では、この点について、生産がより組織的でより大規模になったという量的拡大としてしかとらえない。

だが、ヒトが生存と生殖に必要以上のものを生産しはじめたときこそが、ヒトとしての独特な経済活動をはじめた質的な転換点を意味する。それはちょうど、ヒトが生命を維持したり子孫を残す目的からすれば、生物学的にはまったく意味のないパンツなるものをはいたようなものである。

なぜ、ヒトだけが、生存と種の維持に不必要な、余分なものを生産するようになったのだろうか。

結論から先に言ってしまうと、生産したものをある瞬間に破壊し、蕩尽《とうじん》してしまうことが、ヒトにとってこのうえない快楽であるからである。そして、快楽なしにヒトは生存も進化もできなかったからなのである。

幼い子どもが、苦心惨澹《さんたん》して積み木を積みあげる。だが、せっかくできあがったと思うと、一挙にそれを崩してしまう。それを何度も繰り返すのを見ていると、あたかも破壊するために創造しているかのように思える。これと似たことを、ヒトは知ってしまったのだ。しかも、大規模に生産し、それを大規模に破壊しつくせば、陶酔はさらに大きくなるというものだ。

積み木を破壊している子どもの顔は、まさしく一種の陶酔、エクスタシーの表情を表わしている。それは、子どもにとって、ひとつの「お祭り」である。同じく、せっかく生産したものを破壊し、蕩尽してしまう瞬間が、ヒトにとっての「お祭り」なのだった。

だが、「お祭り」は、単なる快楽のためにあるのではない。ヒトの社会にとって、必要不可欠のものとして存在している。

文化人類学者の山口昌男《やまぐちまさお》氏によれば、人間だけが日常的な生活と、非日常的な生活の二側面を持っているという。これは、もともとフランスの社会学者エミール・デュルケムが説いたことで、聖俗理論と呼ばれる説の流れをくむものである。人間の生活リズムには、聖、すなわち非日常的な局面と、俗、すなわち日常的な局面とが存在しているとするこの聖俗理論は、今日、人類学、社会学では「常識」のひとつとなっている。

日常的な生活のなかでは、人びとは法律や道徳や秩序に従って暮らしている。だが、それだけでは人間は窒息し、精神は沈滞しきり、社会は活力を失って病み衰えてしまう。そこで日常性をひっくり返す瞬間を作っておかなければならない。あるいは、そのひっくり返す瞬間のために、人間は秩序を作りあげたのかもしれないのだ。つまり、お祭り（祝祭）とは社会なり共同体なりの活力を回復させるものなのだ。

だから、この非日常的な場では、ふだんの秩序や価値観が逆転するのがふつうである。たとえば、つい最近まで日本の各地にあった「くらやみ祭り」などが、そのよい例だ。この祭りの晩だけは、だれとでもセックスをしてよいというものである。地方によっては、してよいというよりは、むしろ「しなければならない」とされていた「くらやみ祭り」もあったほどだ。

また私は、戦争とは過剰になった人間の生命と身体を破壊し、蕩尽する大規模な殺人祭りだと考えている。日常的な生活のなかでは、戦争は犯罪だ、などと言っている文化人でも、いざ事がはじまって非日常的な時間となれば、わが軍の大戦果を聞いて感涙にむせぶ。そうした例は、私たちはいやというほど知っている。

ここでも、ふだん人を殺したら死刑になるはずのものが、英雄として人びとからたたえられるという逆転が起こっている。

第二次大戦後、左翼知識人ぶっていたAさん、Bさんなどは、いずれも戦争中は戦争協力派で、戦後、「逆転」していったのである。よくあることである。

ついでながら言っておくと、世の識者がどんなに戦争の悲惨を訴えようと、子どもたちに対して平和教育なるものを施そうと、戦争はなくならないだろう。

あるいは、経済体制を変えてみたところで、やはり無駄である。人間が、戦争という非日常的な瞬間に陶酔するものである以上、戦争に代わる陶酔の対象を発明でもしないかぎり、戦争から人間が自由になる日はないのである。

映画やテレビや漫画やファミコンのゲームなどで、「宇宙からの侵略者」を設定し、これと戦うストーリーが跡を絶たないのも、人間同士の戦争を別のものとすり替えようという努力のあらわれなのだ。

祭りと性と死

話をもとにもどそう。ヒトは、生存と生殖に必要である以上のものを生産し、それを蕩尽することに陶酔する。現代社会でも、たとえばブラジルのリオのカーニバルや、いわゆる未開社会で行なわれる祝祭的儀礼などでは、物や人間のエネルギーや、ときには生命さえも蕩尽される。リオのカーニバルでは、何百人という人間の生命が「蕩尽」されることもある。

また、私たちは、性的なエネルギーを、生物本来の目的である生殖とはほとんど関係のないかたちで浪費している。チンパンジーやヒヒなどの霊長類でも、ごくたまに妊娠を伴わない性交が行なわれるというが、人間に比較したらものの数ではない。

いわんや、ムチでたたいて喜ぶとか、ホッテントットの女性のように、幼いころから小陰唇を引っぱって大きくすることに情熱を傾ける、などといったことは、動物の世界ではまず見当たらないはずである。

ところで、祭りと性交は、ひとつの共通した側面を持っている（性交のことを「お祭り」と表現する人が、いまでもいるな）。

それは両方とも、日常的な時間とは反対の、非日常的な時間の行為であるからだ。

私たちはふつう、生活のなかの時間の大部分を生産的な労働に費やし、あるとき、お祭りやセックスの時間を持つ。四六時中お祭りやセックスをしているわけにはいかない。労働し、生産している時間は、日常的であると言うかわりに、現実的とか、俗的とか言ってもかまわない。反対に、お祭りやセックスをする時間は、超現実的とか、聖的と言える。

さらに、祭りとセックスには、もうひとつ共通した面がある。それは、「死」の観念に非常に接近する時間である、ということだ。

原始的な祭りの原型は、死者をこの世に呼びもどして語ったり、死者をこの世に入れないようにするためのものである。いわば、死の世界を強烈に意識する時間である。と同時に、死を日常の局面に恒常的に存在させておくことを拒否して、遠ざけておくための行為でもある。

セックスもまた、オルガスムスによって死の世界を垣間《かいま》見る。女性がその瞬間に「いく」とか「死ぬ」と叫んだりするのは、このためである。ドイツ語でも、オルガスムスを「小さな死」と表現する。

こうしてみると、日常的時間と非日常的な時間とのあいだには、次のような対比が考えられる。

・日常的な時間＝生産（労働）＝秩序ある世界＝俗的世界＝生の世界（エロス）＝この世
・非日常的な時間＝破壊（消費）＝秩序が破られる世界＝聖的世界＝死の世界（タナトス＝死の本能）＝あの世

かくしてヒトは、非日常的時間、聖なる世界に向けて営々として働き、生産し、あるとき一挙にそれを破壊して聖なる世界に遊ぶことになった。

いつ、どこで、どのように破壊・蕩尽が行なわれるかは、個々の文化によって違いはあるが、この両方の世界がなければ、社会は病み衰えて死滅する。

このことは個人にも当てはまる。私たちは、秩序にがんじがらめに縛られて働き続けたら、おそらく若くして老いるだろう。悲しいことに、日本人はリオのカーニバルや、原始共同体の祭りのように、共同体全員による一挙の蕩尽法を持っていない。

やむなく、酒を飲んだり、競馬やマージャンのようなささやかなギャンブルによって、内に積もったエネルギーを消費し、わずかなおカネを「蕩尽（！）」している。そうやって、スズメの涙ほどの聖なる世界をのぞき見て細々と生きているわけである。

そして、そのために、他国へ攻め入ると、突然、大虐殺を引き起こす（かもしれない）。日本というのは、おそらくそうした危険性を最も多くかかえ持った文化だといえる。

なぜ、ヒトだけが死者を埋葬《まいそう》するのか

さて、日常的世界と、それに対立する非日常的世界を交互に繰り返して生きるようになったヒトは、同時に次のような文化を作り出した。死者を埋葬すること。殺人や暴力の禁止と、生産を維持するための秩序や道徳。近親相姦を含む性に関するタブー。

性に関するタブーは、第六章でくわしく触れるが、おそらく、具体的にパンツのたぐいを身につけて、性を非日常化したのもこのころだったはずだ。

そして、ある特定の瞬間に、人びとはパンツを脱いで、すなわちパンツを破壊して非日常の世界へと飛び立った。

パンツは、永久不変に身につけるために身につけたのではない。いつか脱ぐときのためにはいているのである。考えてもみよう。あなたは一生パンツを脱げなくなっても、気が狂わない自信がありますか？

殺人や暴力の禁止、生産を維持するための秩序も同じである。これらのものは、人間を束縛することが目的で生まれたのではない。束縛することによって社会と生産の秩序を保ち、より大きな生産物を生産し、破壊の喜びをいやがうえにも大きくするために存在するのである。

いわば、快楽のための苦渋である。

しかも、そうした禁止や秩序そのものが、最終的には破壊の対象にされる。ここでもまたパンツと同じように、ある特定の瞬間に破られるために、タブーや秩序があることがわかる。

ネアンデルタール人が、死者をていねいに埋葬したことは、よく知られている事実である。それ以前の人類が埋葬の習慣を持っていなかったかどうかは、いまのところ確たる証拠がない。一説によると、さきほどのアウストラロピテクスの化石のひとつには、埋葬された形跡があるらしい。ただ、それがどのような感情に動かされてなされたものか、現在では知るよしもない。また、ゴリラの観察例では、仲間の死体に木の葉をかけたことが報告されているが、これもどのような目的意識を持ってなされたのか、よくわかっていない。

ネアンデルタール人の場合の埋葬は、明らかにそこに、ひとつの観念が働いていたことが読みとれる。すなわち、死というものを、日常生活のなかから取り除いておきたい、という欲求である。死は恐ろしい。目につくところに死体が転がっていれば、いやでも死を意識せざるをえない。だから埋めてしまう。

しかし、死はただ恐ろしいだけのものだったのだろうか。見るのさえ尻ごみするような、いまわしいものだったのだろうか。

そうではないことを、さまざまな例で理解することができよう。古代メキシコのアステカ王国では、祭壇の上で美しい若者の胸を切り裂き、まだ動いている心臓を太陽神に捧げた。スペインの人びとは、牛の角に差し貫かれて闘牛士が死ぬかもしれない危険なゲームに酔う。テレビの画面の中では、毎日何十人という人間が殺されたり死んでいる。

もっとも、それを隠せば隠すほど、まえに述べたように、日本人が、突然、どこかで大虐殺を引き起こす危険性が高まるのだ。テレビぐらいで人が死んでいたほうが、よっぽどましではないか。

死が本当に恐ろしいだけのものだとしたら、人びとはこうまで死を見たがらないだろう。死は恐ろしい。けれども同時に、死は人間の魂を陶酔させ、興奮させ、神聖な世界へと人間を連れていってくれるものなのである。

だからといって、日常生活のなかで、のべつ幕なしに死があったら都合が悪いことは言うまでもない。日常生活のなかでたびたびお目にかかれるようなシロモノには、だんだんと慣れてしまって、ちっとも興奮しなくなる。そこで人間は、ふだんは死をしまっておくことを考えついた。そしてある特定の瞬間に、一挙に死を解放し、目くるめく陶酔にひたろうとしたのである。これが、埋葬の意味であった。

殺人という「聖なる労働」

こうしてみると、いままで私たちが使ってきた生産とか労働とかいう言葉は、本来の意味からはかなり違ってきていることに気がつく。

人間と人間社会の存続に必要な行為を労働というならばものを作り出す行為も、それを破壊する行為も、ともに労働という名に値するのではないか。

前者は生産的労働であり、後者は消費的労働であるという違いにすぎない。「労働は神聖なり」とか「働かざる者食うべからず」などと、奇妙な道徳論がまかり通っているために、とかく生産は善、破壊は悪とされがちだ。しかしいま見てきたように、人間と人間社会とは、両方がなければやっていけない。

というより、その「悪」のためにこそヒトの社会が成立したのだ。これが、私の経済人類学的結論である。

だから、農民が穀物を作る労働を行なっているのとまったく同じレベルで、大貴族の城館の中では、その生産物を蕩尽する非生産的労働が行なわれていたと考えてもいい。両者は、ヒトが生きていくためという点からすれば、まったく同じレベルである。どちらが偉いということではない。

人間の社会は、共同体のメンバー全体が祝祭に参加する時間を持つ。けれども同時に、つねにいつでも聖なる空間と聖なる論理のなかに生きている階級も存在した。たとえば、神官階級とかその象徴形態である王家の人びとである。王家にきわめて近い大貴族もそこに含まれると言ってよい。

そこで思い出すのは、有名な青髯《あおひげ》侯爵である。青髯ジル・ド・レ侯は一五世紀フランスに実在した有力な大貴族であった。彼は、ジャンヌ・ダルクの盟友であり、イギリスとの戦争できわめて大きな戦果をあげた、いわば勇猛果敢な国民的英雄だった。ところが、戦争が終わってみると、彼にはまったくすることがなくなってしまった。彼は、非生産的労働だけを担当して、それに専念していたからである。

彼がかわりに発明した「労働」は、少年をかどわかしてきて、これを残忍に殺戮することだった。あるいは、少年を対象とする同性愛にふけり、あまつさえその死体との性交まで行なった。ジル・ド・レの殺した少年は少なくとも四十数人が確認され、フランスでも一、二を争う高位の貴族でありながら、最後は裁判にかけられた。その裁判記録が残っているために、後世に名を残したのである。

戦争や祭儀を取り扱うための階級は、いわば非生産的な労働を取り扱うために位置づけられた階級であった。だから、ジル・ド・レがジャンヌ・ダルクとともに戦争をしているときには、問題はなかった。けれども、戦争をしていない場合には、大貴族たる者は、神聖なる労働として財物やサービスや、ときには人体生命の破壊さえ行なうべく運命づけられていたと言える。

裁判にかけられ、死に臨んでなぜか激しく涙を流したため、ジル・ド・レはきわめて有名になったが、実は全世界の大貴族には似たような行為が無数にあったと考えられる。そのほうが自然なのである。たとえば、ハンガリーの大貴族の婦人、バートリ・エリジェーベトは、ジル・ド・レも真っ青になる六〇〇人以上の少女を虐殺し、その血の風呂に入っていたといわれている。やはり、当然のごとく彼女も同性愛者であった。

私は、ある夏、彼女の城を訪れた。いまはチェコの南部に位置する小さな村の丘にある白い小城は、壊れているとはいえ、この世離れしていて美しかった。精神の血に染まっていた。

交換はどのようにして起こったか

生産が実際は、破壊や蕩尽のために行なわれたことは間違いない。よりくわしく知りたければ私の『経済人類学』（東洋経済新報社）あるいは『幻想としての経済』（青土社）を読んでいただきたい。このことは、経済人類学が「発見」した骨子の部分である。

ところで、それについて、次に、交換という経済活動を調べてみよう。ここでも、交換はいままで経済学で言われてきたようなものとは、まったく違う本質を持っていることがわかる。

私たちのように、近代的な経済社会のなかに生きている人間にとっては、交換はまず第一に、身近な共同体の内部で行なわれるように見える。

たとえば、Aさんがある会社に勤めて給料を受け取っているとしよう。この場合、Aさんは企業という共同体に属して、労働という名の商品と、おカネという何とでも取り替えられる商品とを交換している、というわけである。

マルクス経済学では、商品となるのは労働力だといって、具体的な労働と区別せよと教えられたが、それは単なる詭弁である。マル経は、このふたつに対する対価の差が「搾取」となって、世に不正義を生むと説明する。これは説明のための苦心の「発明」だが、不正義は別のかたちで生まれるものだ。組織的な（陰に陽にの）暴力的強圧がそれである。そして、マルクス主義もそこからは自由ではない。とりうるべき道は、私たちが要求するような、あらゆる意味での暴力的強圧の排除と、完全な自由の確保である。

いろいろ表面的なことを目のあたりにしていると、つい、交換とは同じ共同体の内部から起こりそれがしだいに輪を広げていって、村と村、地域と地域、そして国と国との交換に発展したかのように錯覚する。

ところが、地球における人類のいろいろな経済活動を調べれば、共同体内部での交換は、近代社会だけの特産物であることがはっきりする。それ以外の社会では、共同体の内部のメンバーが、お互いにものやサービスを与え合う、いわゆる「互酬《ごしゅう》」の原理や、それらを共同体の一点に集中して、王という機関を利用して再び分配し直す「再分配」の制度を中心に据えている。そして、交換という現象は、最初から共同体と共同体のあいだだけで行なわれた。交換は、共同体の内部から自然に湧き上がる行為では絶対にないのである。

しかも、その交換なるものは、今日私たちが考えているようなものではない。こちらの村ではイモが余ったから、あちらの村で余っているブタと取り替えよう、ということではない。そうした「余り物交易」ではなく、はじめから他の共同体と交換することを目的として生産されたものを、交換に用いるのである。この点についてはこの章のあとのほうでくわしく触れることにして、ここではもう少し、共同体内部で行なわれる経済活動について見ていこう。

新しい経済人類学を打ち立てたハンガリー出身の学者カール・ポランニーによれば、近代的な経済社会以前には、たかだか二種類の段階の経済体制しかない。

ひとつは、中央政権を持たない共同体で、ここでは互酬のシステムが、食物や衣類などの財物やサービスなどを共同体内部で流通させる仕組みになっている。ポランニーはこれを、原始社会と呼ぶ。

もうひとつは、中央に王がおり、王宮を持っている共同体で、ここでは王のもとに租税や貢ぎ物として集積された財物やサービスを、祝祭のときに共同体のメンバー全員に分配する。ポランニーはこれを、再分配をシステムのキーとする古代社会と言っている。

ただし、誤解しないでもらいたいのは、これらの経済体制が、単なる経済体制として独自に存在しているのではないことだ。互酬にしても祝祭による再分配にしても、宗教、政治、習慣、伝統などのすべてを組み込んだ、共同体の思考と行動の共通した規範になっているのである。

いわば、そうした思考や行動の共通規範に従ってメンバーが行動した結果として、財物やサービスが共同体の内部に分配される、と見たほうが正確である。

だから、互酬とか再分配は、単に経済の原理ではなく、社会全体の統合原理なのである。財物やサービスは、その結果としてうまく流通、分配される。

ギブ・アンド・テイクの関係

たとえば、一八世紀に繁栄した、西アフリカの黒人王国ダホメでは、年に一度の「貢租《こうそ》大祭」において、ふだんから貢ぎ物を大々的にとっている王さまが、そのかわりに人びとに贈り物を返すというかたちで、財の再分配が行なわれていた。したがって、ダホメは経済人類学的に見れば、古代社会というグループに属する。

貢租大祭では、何百人かの生贄《いけにえ》を祖先に捧げる儀式が行なわれ、大規模な饗宴も開かれる。いわば、そこは財の破壊の場でもあった。

話は少し横にそれるが、ダホメ王国は、イギリスやフランスとの奴隷貿易で有名だった。ダホメでは、奴隷が食糧や生活必需品の生産に使役されたという事実はまったくない。そもそも市場社会以前の共同体が、奴隷の労働力に頼らなければ成り立っていかないというようなことはないからである。

マルクスは古代奴隷制社会という段階を考えたが、基本的な誤解をしているとしか言いようがない。なぜ、こうした誤りに陥るのか。それは、古代社会においては生産力が不足していたという、近代人の側の一方的、押しつけ的偏見にとらわれていたからである。

現在、私たちはすべての視点から、その考えを誤りであると断言することができる。ローマやギリシャのような古代社会についても、資料を再検討すれば、奴隷が共同体の維持に必要な食糧の生産にたずさわっていたというような事実は、ひとつも出てこない。

では、なぜ奴隷が古代社会のなかに入ってきたのか。

それは、共同体の外に売られるためか、共同体内部での過剰をより大規模にするためであった。奴隷が作り出したものを、祝祭において破壊するか、あるいは、奴隷自身を生贄として捧げて生命を破壊するか、どちらかなのである。

いずれにしても、社会が持つ「過剰」に関係していることで、生き延びるための必要性とは関係ない。そのような必要性と関係があったのは、市場社会成立後の奴隷制、すなわち一九世紀のアメリカ南部だけである。だが、その場合とても、奴隷の労働は、南部人が物理的にやっと生きていくために必要だったのではなく、イギリスを離れ、プロテスタントの理想を実現するため、すなわち、ある種の余裕を作り出すために「必要」だったにすぎないとも言えるのだ。最も極端な例は、私たちがよく知っているローマの奴隷、スパルタカスで、これは、はじめから剣闘士という人身御供《ひとみごくう》の生贄的な存在であった。

話をもとにもどそう。お互いに必要なものやサービスを与え合ったり、祝祭のときに王さまが大盤振舞いをするような社会では、交換のための市場などは不必要である。あったとしても、社会の主要な制度にはなりえない。

事実、市場を通じて財物やサービスを共同体内部で交換するという方法は、ほとんど近代になるまで発生しなかった。イギリスでさえも、国内的な統一市場というのは、一九世紀になってやっと誕生するのである。そんなものがなくても、財物やサービスは、うまく共同体内部を循環していたのだ。

そもそも、物を共同体内で分配する行為は、動物の世界では珍しいほうに属する。ヒトをヒトたらしめている、ひとつの特徴であると言えるかもしれない。

オオカミやリカオンなど、集団で狩りをする肉食動物が研究されたのは、その点でヒトと似ているところがあったからだ。

オオカミやリカオンの社会では、狩りをする出稼ぎのメンバーと、巣穴に残るメンバーとが分けられている。居残り組は、妊娠中や子育て中のメス、子ども、見張り役などである。出稼ぎ組のメンバーは、獲物を倒すと、その場でできるかぎり肉を胃袋の中につめこむ。そして巣穴に戻ってきて、居残り組のために肉を吐き出して与える。

このとき、居残り組は、出稼ぎ組のメンバーの唇をなめるのが、肉をねだる行動になっている。なかには、小さな子どもにしつこく肉をねだられ、そのため胃の中のものを全部吐き出させられ、仕方なくまた新たに出稼ぎに出かける、などということも起こるらしい。まことにもって「人間的」なる光景だ。

そこへいくと、ヒトに最も近いサルは、ほとんどこうした分配を行なわない。手近なところに食糧があるから、その必要がないせいもあるが、病気やケガで動きがとれなくなったメンバーに、食物を分け与えるということもない。

例外は、チンパンジーがヒヒの子などを食うときだ。チンパンジーが肉食をすることが明らかになったとき、人びとは大きなショックを受けた。ときどき、ヒヒの子どもや小型のサルなどを、集団でかなり組織的に狩るのである。

ところが、こうして捕らえた獲物は、メンバーに平等に分配されるということがない。すばしこいのが一頭でさらっていって独占するとか、そのすきに別のすばしこいチンパンジーが、肉のかけらをひったくったりする。ただそのとき、獲物を独占した奴が、ふだん仲のよい友だちやメスにねだられると、肉を分けてやることがあるだけである。

和平を取り結ぶためのプレゼント

さて、交換という経済活動が、共同体の内部から発生したものではないことがわかっただろう。では、いったい、交換の起源とはなんだろうか。

この点について、これまで経済学で言われてきたのは、魚を捕って暮らしていた海辺の住人が、あるとき毛皮が欲しくなって、山の住人と取り替えっこをした、というたぐいの説明である。要するに、お互いが不足している必需品を補い合うために交換が行なわれたというのだ。

だが、これはよく考えてみるとおかしい。

海辺の住人が、あるとき突然、毛皮が不足していることに気がついて、山の住人から得るようになった、ということは不自然である。それではいったい、過去の海辺の住人は、どうやって生きていたのか。要するに海辺の住人は、それまで毛皮などなくてもやっていけたのだ。だから、交換は、生活上の必要とは違うところから発生したと考えるしかないのである。

あるいは、欠乏は情報によって生み出されると言ってもいい。毛皮がなくても何の文句もなかった社会に、別の社会の住人が毛皮があるとカッコいいよと教えて、毛皮の「欠乏」を教えるわけだから。

重要なことは、構成メンバーの一人ひとりが「充足」していれば、共同体全体としても、それで充足している、ということだ。

ことわっておくが、ここで言う充足とは、近代人がその水準で考える充足とはわけが違う。エスキモーは、つい最近までアザラシの肉だけを食っていた。近代医学から見たらもっと野菜をとれというところだろうが、エスキモーはそれでちゃんと「充足」していたのだ。

これは、気分だけの問題ではなく、栄養の偏りからくるはずの病は発生していなかった。それが発生したのは知識が与えられてからだった。人間の体というものは、自ら選択すれば、生理的な対応の範囲が非常に広いらしい、ということから説明できる。

では、充足し合っている共同体同士が、なぜ交換を、この場合だと交易を行なわなければならなかったのだろうか。

現在考えられる最も妥当な説明は、共同体同士が、相互に平和と安全を目的として贈り物を交換し合った、ということである。つまり、共同体が何かの理由があって、よその共同体と境界を接すると、そこには大きな不安と緊張が生じる。そこで、相手に対する敬意と、こちらに害意がないことを表現するために、贈り物をしたわけである。経済的な必要などはなくても、交換しなければならなかったのだ。これが、出発点だ。

現代でも、未知の社会を探検した探検記を読むと、どれもこれもまず酋長《しゅうちょう》なり呪術《じゅじゅつ》師なりに贈り物をする。その社会のメンバーに直接会うまえに、所定の場所に贈り物を置く場合もある。世界中あちこちに見られる「沈黙交易」も、こうしたことに起源を持っているにちがいない。

沈黙交易というのは、相手と直接に会わずに、物と物とを交換する交易の仕方である。物と物とが交換されるだけで、言葉のやりとりがないから沈黙というのだが、これは黙っていることが目的ではなく、相手を避けるためのものである。

なぜなら、サンドウィッチ諸島（現在のハワイ諸島）のワイルクにおけるように、島の南側と北側に住む二部族が、川の両岸から怒鳴り合いつつ「沈黙」交易を行なう例もあるからだ。

日本でも、中里介山《なかざとかいざん》の小説で一躍有名になった大菩薩《だいぼさつ》峠で、明治時代の直前まで、沈黙交易が行なわれていた。これは、現在の山梨県の塩山《えんざん》側の住人が、米や酒、絹などを峠に運んで置いておき、これまた現在の丹波山《たばやま》村や小菅《こすげ》村の住人が、こんにゃくや下駄の木地、木枕などを、同じ場所に置いて交換するというものだ。そのさい、両方の人間は顔を合わせることはなかった。いまでもその場所には、「荷渡し場」という地名と、名残の石垣があるそうだ。各地に「中宿」という地名が残っているが、これはほとんど沈黙交易的な交易が行なわれていた名残のはずである。

このように、相手との接触を避けた理由については、いろいろな説が唱えられている。敵だから、伝染病が怖かったから、などなどだが、よそ者に対する恐怖あるいは忌避からと考えるのが正しい。

伝説上、鬼、仙人、山姥《やまうば》、巨人、キツネなどとシンボライズされているよそ者への畏怖《いふ》の念である。しかし、恐ろしいからといって、どこかに逃げていくわけにはいかない。共同体がたまたま物理的に接近してしまったのである。攻めて行って討ち滅ぼす自信もない。

となれば、贈り物という手段によって、平和と尊敬の意思を表わすのがいちばんではないか。その贈り物は、酒であったり、食物であったり、ときには若い女であることもあったろう。巨大なヒヒに美女を捧げる岩見重太郎の伝説も、あながち嘘ではないと言えそうである。

敵に武器を贈る「交換」

争いごとを避けるために「沈黙交易」のかたちで贈り物をしたという話は、『日本書紀』のなかにも見える。

西暦六六〇年、斉明《さいめい》天皇の時代に、阿倍比羅夫《あべのひらふ》という将軍が、粛慎《みしはせ》国の船団と戦い勝利したとある。粛慎国とはどこか、現在はっきりしないが、たぶん、海を渡った渤海国《ぼっかい》（中国東北部・沿海州に興った国）だろう。『日本書紀』の他の箇所で、粛慎人を「鬼魅《おに》なりと申して、あえて近づかず」とあるから、よそ者と考えられていたらしい。

この戦いのまえに、阿倍比羅夫は海岸に武器や五色の絹を並べて贈り物とし、和平交渉を行なおうとした。品物を並べ終わって、自軍のところに戻ってくると、敵側から二人の老人がその海岸に出てきて、贈り物をつぶさに調べはじめる。そして、一度はそれを持って船へ帰るのである。ところが、いかなる理由でか、最終的には相手はそれを受けいれず返してしまい、ついに開戦となったと記してある。どうせ戦いになるのがわかっているのだから、提供されていた武器は返さずにとっておけばいいのに、そうはしないで返してから開戦している。

このエピソードに典型的に表われているように、交換とは自分の欲しいものを手に入れるためのものではない。反対に、戦闘ともなれば命の次に大切であるはずの、武器すらもプレゼントする。交易が利潤を目的として行なわれるようになるのは、ずっとあとの話である。

こうして見てくると、交換とは、実は最初はプレゼントの片道通行であることがわかる。お互いにプレゼントする往復通行が成立すると、交換になるのであった。その片道贈与の極端な例としてあげられるのが、まえに紹介したクワキゥトル族のポトラッチの風習だ。

クワキゥトル族の人間は、お祭りの日になると、特定の人物に対して贈り物をする。そのさい、贈るほうにとって大切なもの、重要なものであればあるほど、相手に対する影響力が大きくなる。

つまり、贈られたほうは、そのことによって「借り」ができたことになり、そのマイナス分だけ、贈った側の社会的地位が安定するのだ。

だから、贈られたほうも「借り」をいつまでも放っておけない。借りを作ったままでは、社会的な地位がゆらいでしまうからだ。

そこで、相手以上のものを返礼として贈って、自分の地位を安定させようとする。これが双方向贈与から交換が発生する道筋である。物々交換と称されるものが出てくる根拠は、近代社会の気分だけにしかない。

この贈与の最初の一撃は、酋長の就任式とか、だれかの結婚式などの、身分の変更が起こるさいに起きる。共同体のなかで身分が変化した者は、それを仲間に認めてもらう必要があるからだ。つまり、彼または彼女は、最初に共同体における位置が不安定になった者であり、仲間に対して贈与を行なわねばならなかったのだ。そして、これに対して彼らの仲間は、その贈り物を受け取ってやる義務（受容の義務）があり、返礼の「資格」もあったというわけだ。これが儀礼化したものがポトラッチだ。ポトラッチは、個人ではなく、共同体全体が白人との接触で不安定になったときに巨大化した。そして、相手よりもすごいものを贈ろうとするため、全部が貧乏になってしまうという理由で、カナダ政府により禁止されてしまった。

ポトラッチの風習は、クワキゥトル族だけに見られるのではない。シベリアのチュクチ族や、南太平洋にも広く存在している。西ヨーロッパにもある。チュクチ族などは、狩猟生活に最も大切なソリを引く犬を、贈り物として相手の目前で殺してみせたり、クワキゥトル族の酋長が、他の部族の酋長の目の前で、奴隷を十何人も殺してみせたり、なんともすごいことになっていた。贈り物は、要は相手に「貸し」を作って圧倒するのが目的なのだ。相手に必要な財物やサービスを贈るわけではない。むしろ、ここでは再び、破壊のための破壊、蕩尽のための蕩尽という原則が顔を出している。

おカネが、穢《けが》れを清める

ここまできて、ようやく「おカネ」つまり貨幣なるものの本質が浮かび上がってきた。贈り物をされた側では、「借り」が残る。「借り」は返さなければならぬ。そのために支払われるものが、おカネなのであった。

借りた相手は、人間だけとはかぎらない。自然の神さまが、獲物や収穫物をくださったことも、借りのうちである。その借りを返さないと、神さまは怒り狂って、大水や旱魃《かんばつ》をお起こしになったりする。それには根拠があり、われわれ近代人がそれを笑うことは誤りだ。

だから、人間も神さまにも借りを返さなければ、自分は純潔ではないし、罪を犯しているという意識にとらわれる。贈り物のお返しをするとか、天地の神々に供え物をするということは、とりもなおさず、借りを返し、穢《けが》れを祓うことであった。

おカネとは、まずそのために存在したのである。今日でも私たちは、「支払う」という言葉を使っている。この払うは、オハライのハラウである。シハライはオハライからきているわけだ。穢れをハラウための道具が御幣《ごへい》であり、貨幣の「幣」は、まさしく穢れをハラウためのものを意味している。

日本語だけではない。英語の pay（支払う）の語源は、pacify（鎮《しず》める、なだめる）で、穢れた状態を脱して危険をなくすという意味がある。そうでなければ、精神とおカネが、同じ秤《はかり》にかけられるはずがない。それを、すべて投入労働量などという「モノ」的尺度で測って、なんとか等量のものを探り出そうとしたところに、『資本論』の根本的間違いがあった。

では、同じものがどこへいっても穢れを祓う聖なる威力があるのかというと、それが違う。それぞれの共同体、それぞれの社会によって異なってくる。あるところでは、ブタやイヌの歯が価値がある。あるところでは、円形に削った大きな石とか、子安貝などの貝類に価値を与えている。また、あるところでは、金銀銅といった貴金属となる。変わったものとしては、コウモリの顎《あご》の骨とか、クジラの歯がおカネになっているところもある。つまり、文化によって、威力が与えられているモノが違うのだ。

地中海域では金、日本では銀、西アフリカでは青銅が、それぞれ高い価値を認められていた。ということは、日本や西アフリカは金の産地でもあったわけだから、その土地でなにがとれるかには関係なかったことになる。

いずれにせよ大切なことは、これらのおカネ、経済学者が貨幣と呼ぶところのおカネなるものが、ところによって、さまざまに異なるということだ。

つまり、ところによって、穢れを祓う聖なる威力を秘めたものが、それぞれに違うということである。

逆に言えば、ある共同体が、共通の理解をもって、ある物を「聖なる物体」と認めなければ、貨幣などが生まれるわけがないのである。その共通の理解の仕方こそ、その社会の価値観、文化、その他もろもろのことを理解するカギになっている。イヌの歯がおカネとして通用するんなら、ネコの歯でもいいんじゃないか、というわけにはいかないのだ。これは、むずかしく言えば、社会の共通の幻想、すなわち共同幻想なのである。

たとえば、同じ貴金属である金と銀にしても、ヨーロッパと日本人のあいだには、大きな価値観の差があった。

先に述べたように、ヨーロッパ人が思うほど、日本人は金の値打ちを高くは見ていなかった。結果として、幕末期にヨーロッパ人は、合法的に銀を日本国内の金と交換することで、莫大《ばくだい》な利益をあげた。そのとき流出した日本の黄金の量は、いくら研究してもはっきりわからないほどのものだ。

しかし、だからといって、日本人はそのために損をしたわけではなかったのである。日本人は、自分たちにとって大切な銀をヨーロッパ人から安く買い付けることに成功したからだ。ただ、その後、日本が金本位制というヨーロッパ型価値観を採用した（させられた？）ために、「あれは損だったな」ということになっただけの話である。

以上のことを別の立場から観察すると、次のようなことも言える。たとえば、コウモリの顎の骨を神聖なるおカネとしている共同体のメンバーから見れば、同じコウモリの顎の骨を大切に持っている人間は、同じ共同体のメンバーと考えてよい。

つまり、おカネは同じ共同体に属していることの「しるし」にもなるわけだ。

あの有名な南太平洋のヤップ島の巨大な円形石貨を、ヤップ島の住人は、遠く離れたパラオの島から切り出し、さらに磨きに磨いて、カヌーで運んで自分の家の入り口にでんと据えておく。これがあれば、村のなかで欲しいものが「買える」というのだ。だが、実は「買う」のとは違う。この石貨を家の前に置いておくことで、自分がその村に所属する者であることを証明しているというわけだ。

未開社会のおカネは、一般に、何でも買えるのではなく、ある特定のものやサービスのみを買える。さらに逆に言えば、ある特定のものは、ある特定のおカネによってしか買うことができない。同じ石貨でも、一つひとつは違う歴史を持っているし、貝の貨幣でも、用途別の番号がついていたりする。これを経済人類学では、「限定された目的の」貨幣と呼ぶ。ともあれ同じ貨幣を用いるということは、同じ共同幻想を持つあかしでもあり、ゆえに共同体の一員として、財物やサービスの分配にあずかれるということになる。

おもしろいことに、ヤップ島の石貨は、必ずしも家の前にある必要はない。切り出してきてカヌーで運ぶ途中、カヌーが沈んでしまっても、「たしかにおカネを切り出した」ということを目撃し、証言してくれる人さえあれば、カヌーもろとも沈んだ男の遺族は、それを使ってモノが買えるのである。また、人類学で「石貨銀行」と呼ばれる石貨置き場に置いたままでも、売り買いに使うことができるのである。

おカネの「先祖返り」

ヒトの穢れを祓い清めるものとして出発したおカネは、その後、近代市場経済社会に入って突然、私たちが手にしているような、主に交換手段となっているようなおカネに変わる。つまり、おカネがなければ何も手に入らない、というものとしてのおカネとなる。

日本を例にとってみよう。日本に本格的な「貨幣経済」が定着したのは、江戸時代の慶長年間ということになっているが、当時の農村内部では米がおカネだった。地方によっては、明治・大正はおろか、昭和の初めまで、ほとんどおカネの世話にならなかったところもある。農村社会学が報告した岩手県二戸《にのへ》郡荒沢《あらさわ》村は、私の考えではそのひとつとして考えられる。

それが、急速な近代化によって、あっという間に「貨幣経済」は日本中を席捲《せっけん》し、おカネなしではやっていけない世の中になった。

そのため、おカネすなわち貨幣につきまとっている呪術的性格を、うっかり見逃しがちなのだ。その点、マルクスをはじめとする従来の経済学も、すべて混乱に陥っている。つまり、いろいろな商品のなかから、多くの人が共通して価値あるものと認め、したがって何とでも交換できる特殊な商品がしだいに貨幣となった、という間違った説明である。

奈良時代に鋳造された「和同開珎《かいちん》」は、立派に貨幣の形をしているが、いわゆる貨幣としては通用しなかった。これでは何も買えなかった。物を買うことができたのは、米である。和同開珎は、神社仏閣の礎石と柱のあいだや、仏像の胎内に、まさにオマジナイとして埋め込まれたりした。いったい、「和同開珎」は貨幣なのか、呪物《じゅぶつ》なのか。

私たちは神社やお寺で、気が向けばお賽銭《さいせん》を投げて拝むふりをする。ときには苦しいときの神だのみをすることもないではない。そのときのお賽銭は、ラーメン代か、せいぜいがんばってフランス料理の一食分がいいところだ。神仏の加護や幸運を「買う」には、あまりに虫のよすぎる金額ではないか。また、神社やお寺への寄付としても、まことに申しわけない程度のものだ。お賽銭とは、貨幣なのか、オマジナイなのか。

鎌倉の銭洗《ぜにあら》い宇賀福《うがふく》神社には「銭洗い弁天」という弁天さまがある。人びとは毎月巳《み》の日になると、いくばくかの硬貨を持ってきて、弁天さまの水でざぶざぶと洗う。洗った硬貨は家に持ち帰り、神棚などに祀《まつ》ってお守りにする。なぜ、こんな風習が残っているのだろうか。神社の側では、こうするとおカネが殖えて商売繁盛に繋がります、などとPRしているそうだが、洗ったおカネがアミーバのごとく自己増殖するわけでもあるまい。「銭洗い弁天」で洗った硬貨は、貨幣なのか、呪物なのか。

答えは、貨幣は本来、交換手段などではなく、呪物そのものであったし、いまも基本ではそうなのだということに尽きる。

穴あき銭は輪切りのペニスを象徴している

呪物的な性格を持っているおカネは、他方では人間の性の意識と、深いところでかかわっている。もともと、性はヒトにとってつねに神秘だった。性の最も直接的な体現物である男女の性器には、何か不思議な力、魔力がひそんでいると信じられてきたし、いまも私たちの深層意識はそう信じている。

現代でも信じていないのは、私だけだ。

日本のあちこちにある、金精《こんせい》さまと呼ばれるペニスの形をしたご神体やお守りは、豊作や子宝を恵んでくれ、魔除けになると信じられている。なかには金精峠なんてものもあるが。これについて、オーストリアの動物行動学者アイブル・アイベスフェルトは、次のように述べている。

「同じような風習は、東南アジアの各地に『見張り人形』として見られる。見張り人形とは、悪魔が退散するよう、村の境界に立てられた木彫りの人形で、すべて勃起《ぼっき》したペニスをむき出しにして外界を見張っている。これは、霊長類のオスの行動から引きついだものではなかろうか」

すなわち、ヒヒの群れでは、群れの周辺にいる若いオスが見張りとして歩哨《ほしょう》に立つが、そのとき、ペニスを勃起させている。立たないオスは、歩哨に立たないのだ。

また、チンパンジーのオスも、侵入してきた外敵を威嚇するときに、ペニスが勃起することはよく知られている。私は、アイベスフェルトのように、これらの霊長類とヒトとを直接結びつけてよいものかどうか、いまのところは自信がない。しかし、世界の各地で、勃起したペニスを魔除けにしているところから、人類に共通してそうした意識があることは確かである。

女性器についても、いろいろな例があって枚挙にいとまがない。私がしばらく住んでいた奈良県のある地方では、火事が起こると、その燃えている火に向けて、女性が自分の性器を露出させるという風習もあった。そういえば、女性自身のことを昔は火陰《ほと》といったのである。

アマテラスが隠れた岩戸の前で、アメノウズメが着物の前をはだけて踊ったという神話も象徴的である。共同体にふりかかった災厄を、女陰の力で退散させようとしたわけで、アマテラスが同性のヌードに興味を抱くレスビアンだったのではない。私の理論的推測では、レスビアンの可能性自体はけっこう強いのだが、そこではそれが目的ではなかったことだけは確かだ。

こうした性の魔力と、貨幣の穢れを祓うという聖なる性質が結びついても、なんの不思議もないことだ。その代表選手をふたつあげておこう。広く世界各地で貨幣として使われていた子安貝と、現在私たちが使っている五円玉のような穴あき銭である。

子安貝は、これはそのものずばり、女性器の象徴である。どうしてあのようなきわどい形をした貝を貨幣として選んだのか、理解に苦しみつつ喜んでいた謹厳なる人も、これで納得がいくと思う。

もうひとつの穴あき銭は何か。これこそは私がやや自信を持って世に問う仮説だが、ペニスを正面から見た形なのである。ペニスを輪切りにした形といってもよい。あの穴は、決して女性のそれではなく、ペニスの中央に開口した尿道口なのだ。いずれにしても、いくら正しくとも変な説ですみませんね。

穴あき銭を古い時代にさかのぼると、中国殷《いん》王朝後期に貨幣として用いられた円形の淡水産の貝にぶつかる。これが、のちに金属で鋳造されるようになるのだが、途中で真ん中の穴が四角になる時代が出てくる。

これは、鋳貨の形をきれいな円に削るために、中心のロクロの軸を四角にして工作しやすくしたことによる。そして、中国や日本の銭貨の形となる。

だから、穴あき銭は、中国と日本に特有なもので、ヨーロッパではあまり見かけない。ハンガリーやデンマークにはわずかにあるが、西ヨーロッパにはない。そのかわり、硬貨の表面に神殿を象徴する絵や模様をつけている。外形にはあまりこだわらなかったのだ。そして、硬貨の形は六角形だったり、ふちが波形になっているものもあるが、中国や日本では、こうした形の貨幣は喜ばれなかった。あくまでもペニスの輪切り形にこだわったのである。

もともと、日本とヨーロッパでは、男女の性器を見る角度が違う。フロイトにも見られるように、ヨーロッパでは、とがったもの、細長いものがペニスの象徴、へこんだものがヴァギナの象徴になっている。要するにこれは、性器を横から観察したものといえる。

これに対して日本では、真正面から見た形を象徴化している。トイレの壁の落書きでお目にかかる、かの二重丸の真ん中に直線を入れ、まわりを応援団がチャッチャチャッチャ式の日本の伝統的記号は、まさに正面図ではないか。でも、これも最近はあまりお目にかからなくなった。あれは、日本を代表する記号としては単純すぎるんだよね。でも、正面から見るほうが、横から見るフロイトより偉い、と私は思う。

人間の精神にたまった「汚れ」

私たちヒト科の動物は、生命と種の維持に必要以上の財物を生産し、これを祝祭の場で破壊し、蕩尽する喜びを発見した。

それは同時に、日常的な時間と、非日常的な時間を交互に持つという、ヒト特有の生活のパターンを生み出した。

そして、この非日常的な祝祭をより刺激的で目くるめくものにするために、いろいろなタブーで日常生活を規制するメカニズムをも発明した。

このことは、一橋大学の室田《むろた》武《たけし》教授や、理化学研究所の槌田《つちだ》敦《あつし》氏が提唱した「エネルギーとエントロピー」の考え方と相通ずるものがある。エントロピーとは、昔はエネルギーの逆概念と考えられたが、いわば物質の内的構造における無秩序の指標で、自然界から見た「汚れの度合い」であると解釈してよい。私は、『意味と生命』（青土社）という私の学問にとっての科学認識論にあたる著作で、エントロピーを時間・空間を共通して切る単位でもあるとしている。踏み込んでみようという方は、ぜひ参照されたい。

自然のなかに存在するものは、すべてエネルギー的に調和している。これが、「汚れの度合い」が低い、つまりエントロピーが低い状態である。この調和を崩すものが現われると、エントロピーは高くなる。

ゾウ一頭とヒト一人をくらべたら、ゾウのほうがはるかに大食漢のように見える。しかし、私が食べている食糧を生産するエネルギーは、おそらくゾウが食べる植物を生産するエネルギーの何十倍か何百倍であろう。私が食べているトマトは、石油製品であるビニールハウスの中で、石油で発電した電気で暖められて作られたものだ。農地を耕すトラクターも、農薬も、出荷用のダンボールの梱包材《こんぽう》も、石油ならざるものはないようなものだ。

ゾウは、このようなトマトを必要としない。自然に生えている植物だけで、十分にあの巨体を維持できる。しかも、なるべく体温の放散を防ぐために、球に近い体型に進化して、体重の割には少量の食糧で生きられるようになっている（最小の表面積で最大の体積を包み込むのは、立体幾何学によれば球形である)。なんと謙虚であることか。それに対してヒトは、なんと地球の調和に対して野放図であることか。

トマトは、ビニールハウスで作られたものであろうと、昔ながらの自然栽培で作られたものであろうと、自然から見れば、トマトであることにかわりはない。多少味が違うとか、色つやがどうのという問題はあっても、トマトがヒトに食われて、その結果ウンコやオシッコや炭酸ガスなどになって、ヒトの体外に排出されるときには、ほぼ同じものでしかありえない。その消化吸収のプロセスで生じるエネルギーも、だいたい似たり寄ったりと考えてよい。

ところが、片や莫大なエネルギーを凝集し、その過程で地球を汚しながら一個のトマトを生産する。片方は、それほどでもないエネルギーで生産される。これは、まことに不自然な話ではないか。

石油を精製、加工すると、いろいろな製品ができる。立ち食いそば屋のどんぶりも、立ち食いそば屋のお兄さんが着ている化学繊維のシャツも、客が使う百円ガスライターの中身も容器も、すべて石油製品である。それらのものが作られる過程で出てくる残り物は、産業廃棄物として捨てられる。プラスチックのどんぶりやシャツや百円ライターは、人間にしてみれば有用なものであり、いっぽう廃棄物は無用の邪魔物としか思えない。しかし、自然の世界から見れば、すべては同じである。あのトマトと同じく、反自然的な生産行為によって、エントロピーを増大させた結果であることにかわりはない。

このままでは、地球上の生物は増大するエントロピーに窒息させられ、一切合財が死滅しなければならないだろう。

ところが、それでも地球は、なんとかやってきた。たとえば、人間が作り出した産業廃棄物について言えば、一部は土の中のバクテリアや化学反応によって分解され、エントロピーの低い物質に還元され、植物に利用される。分解のさいに出た熱は水に含まれ、川に入って、やがて海に至る。その海水が蒸発して水蒸気となって大気圏を上昇し、それによって熱は地球の外に捨てられる。

つまり、地球は外からエネルギーをもらい、それを再び地球の外に放出するという、開放されたエネルギーの体系なのである。

生産に伴って生じる「汚れ」も、最後には熱というかたちで、地球外に捨てられているわけである。この章のまえのほうで、「地球は一個の巨大な調和水槽である」と言ったのも、実はこのことだったのである。

私は、これとまったく同じことが、人間の精神についても言えると考えている。だから必然的に過剰を蕩尽し、そのことによって精神の平衡を取りもどすのである。この行為は、いわば人間社会と人間の精神にたまったエントロピーを、外に捨てることだと考えてよいと思う。

おカネという名のパンツを脱ぐ日

さて、必要以上に生産された財物は、祝祭における贈り物というかたちで蕩尽される。これに返礼がなされ、いわゆる交換となり、今日私たちのいう貨幣の起源ともなった。だから、交換と貨幣を用いる行為は、同一の祖先を持つ親戚ではあるが、別々に発生してきている。おカネはこのようにして、ヒトの不自然な生活の形態のなかで、過剰に対する必然から生み出されてきたものだった。

地球上の他の生物たちは、ヒトのような不自然なことはしない。きっかり、個体と種の維持に必要なものだけを自然から受け取り、返している。いわんや、パンツをはいたり、おカネを使ったりということはするべくもない。私たちヒト科の動物は、本来なら不必要だったはずの、パンツをはくようになってしまった。はいたけれども、一生パンツをつけたままではいられない。ある特定の時間と場所でこれを脱がなければ、発狂してしまうのである。

不必要に生産した財物を、ある特定の時間と場所で破壊するということは、すなわちパンツを脱ぎ捨てるのと等しい行為なのだ。そして再び、紳士淑女がおしとやかにパンツをはくのと同じように、昨日の熱狂と陶酔を忘れて日常の生活に戻っていく。そのことは、両方とも正常なのだ。

おカネにしてもそうではないか。本来ならばなくてもよいおカネに、私たちヒト科の動物は骨がらみに縛られている。これはあたかも、全身をすっぽりと包み込んでしまうデカパンのごときものだ。しかもそのデカパンたるや、性と魔術によって染めあげられている。

私たちは、はたしてこのおカネという名のパンツを、えいっとばかりに永遠に脱ぐ日を迎えられるのだろうか。

そんなことは、起きるはずはない。ヒトよりも動物たちの社会のほうが「自然」だということは、比喩として言うことはかまわないが、全面的に論じるのは間違っている。

私たちは、貨幣とも本物のパンツともどう明るく付き合うかを考えるべきなのだ。

すべての問題は繋がっている。もしも、あなたが貨幣や燃料を用いた生産を捨てようと主張するなら、言葉も快楽のための性も不必要な移動のための車も、すべて捨て去らなければ、徹底しないというよりも、根本矛盾に陥ると知ったほうがいい。

自分に都合の良いもの（たとえば、美人のかみさんや成功した小説家や音楽家の地位）は、後生大事にとっておいて、都合の悪いものについてだけ、きれいごとで「要らない」と言う人たちを、決して信じてはいけない。いま地球は、商業的な環境主義さえも排さなければならない局面にさしかかっているからだ。

第三章　パンツという名のパンツ

人間は、時代が進むにつれて、いっそう抱えこんだ問題を解くことができなくなる。そこで血迷ったすえ、ついに万事解決のときがきたと思いこむ。前代未聞のことが突発するのはそのときである。

なぜ、ヒトは無駄《むだ》なセックスをするのか

人間以外に、パンツをはく動物はいない。よく街なかをパンツをはいて散歩しているチワワやマルチーズを見かけるが、あれは人間に無理やりはかされているのであって、自らの意志ではいているわけではない。

そもそも、このパンツあるいはパンティ、サルマタなどは、ヒト生命を維持したり、種の維持に必要だったわけではない。寒暖の差に極端に弱い現代のヒトの発想としては、パンツ一枚すら身につけなかったら、凍え死んでしまうと思うかもしれないが、もともとはそんなことはないのだ。

進化論のダーウィンが研究対象に選んだフエゴ島は、南アメリカ大陸の先、それも南極大陸に接近した極寒の地に位置している。ところが、そこの原住民は、ほとんど衣類を身にまとわず、素っ裸で凍結寸前の海を泳ぎ、いてついた地面の上でゴロ寝をしていたという。

なぜ、ヒトは、はく必要のなかったパンツをはくようになったのだろうか。この疑問に答えることは、とりもなおさず、ヒトの性について考えることでもある。なぜなら、ヒトは、他の動物と違って、性行為のときには、パンツを脱がなければならないからである。

ところで、第二章で、人間は存在そのものが過剰だということを述べた。

これは、人間の性行動についても同じことが言える。たとえば、あなたが一生のうちに何回「する」かは知る由もないが、そのほとんどは、生殖を目的としない行為になっているではないか。生殖ということだけで考えれば、そのほとんどが無駄に費やされているのだ。つまり、人間は明らかに性のエネルギーを過剰に所有しているのである。

その昔、中世ヨーロッパの一部のカトリック教会では、結婚した夫婦でさえセックスを楽しむのを罪とし、生殖目的以外のセックスを厳格に禁止した。あまつさえ、肌の接触は快楽をもたらすからいけないということで、性交するときには、男女がお互いに頭からすっぽりと黒い布をかぶり、目的の場所だけに穴をあけて行なえと命じた。なんともはや馬鹿げているが、性交＝種の維持という生物学的な原則に立てば、これはこれで理にかなっていると言えなくもない。

それにひきかえ、ヒト以外の生物は、ほとんど無駄な性行為を行なわない。

発情期のザトウクジラのメスが、オスに出会うたびにガーゴーと音をたてながら性交するとしても、それは妊娠から生殖への機会を確実にするためであり、性行動＝種の維持という目的にかなったものなのだ。人間の社会で、女性が、「ネェ、もう一回いい」などと甘えたり、男性が〝正〟の字を自慢し合ったりするのとはわけが違うのである。

さらに徹底した例は、ある種のモグラに見ることができる。発情期以外は、メスの膣口《ちつ》が閉じてしまうのである。これでは、オスのモグラは何もしようがない。もしヒトであれば、いとも簡単にソドミー（肛門性交）などをしてしまうところだが、モグラ君はそのような過剰な好奇心や情報を持っていないから、すぐ諦めてしまう。可愛い。

もっとも、何事にも例外はあるもので、動物にも「人間的」にがんばる奴がいる。ゴリラは、ヒトのようにオスとメスが向き合った「腹面位」で性交することもあるし、チンパンジーに至っては、ソドミーさえ報告されている。

この程度で驚いてはいけない。バンドウイルカのオスの場合は、さらに刺激的である。発情期を迎えたオスは、他のオスのところに近づき、背中を下にして泳ぎはじめる。そして、相手のおなかの柔らかいところにペニスをこすりつけ、射精するのだ。まさに同性愛的マスターベーションである。

このような動物の性行動は、一見、不可解に思える。性行動＝種の維持という生物学的原則を踏みはずしているかのように見えるからだ。

しかしである。彼らの場合は、のべつ幕なしにこんなことをやっているわけではない。発情期において、しかも、ある特別な個体がやるにすぎないのだ。ヒトのように〝回数〟の多い男性が尊敬のまなざしで見られたり、男性が、女性を縛ってニヤニヤしながら眺めたりするのとくらべたら、ものの数ではない。なぜ、ヒトはこのような無駄な性行為をするようになったのだろうか。

これは、程度の違いといったものではない。もちろん、性的な〝能力〟の違いでもない。ふつう、ヒトよりもサルやチンパンジーのほうが、ムチをふるうためならはるかに強い腕力を持っている。彼らがその気になりさえすれば、手と足の両方を使って「乱れ打ち」だってできるのだ。ヒトのサディストから見たら、なんというもったいない話であろうか。

ヒトと他の動物では、性そのものの意味がまったく違っている。こう考えたほうが、ヒトにとっての性の問題を、より根源的なところで理解することができるのではないだろうか。

ヒトの性は、死の世界を漂うことにある

結論から先に述べると、ヒトと動物の性行為が区別される点は、ヒトの性行為は、広い意味での「交換」行為であり、生殖や種の維持は、その結果として行なわれるというところだ。

ここで言う「交換」とは、まえに述べたように、最終的には、それまで蓄えてきた物や人間のエネルギーや、ときには過剰な人体さえも消尽、破壊する行為のことである。

ヒトは、日常的世界のなかでは、ひたすら秩序やタブーを守り、生産的労働に励んで〝過剰〟を溜め込む。そして、ある非日常的な時間と空間を選び、性という行為を通じて、一気に過剰を消尽する。すなわち、消費的労働である。

つまり、ヒトの性行為の根源にあるものはエロティシズムであるが、そのエロティシズムの根源は性的なものではなかった、ということだ。過剰に蓄えられた性的エネルギーを処理し、蕩尽《とうじん》するという意味からすれば、根本的にはきわめて「経済学的」なものだということができる。

これに対しては、動物の性行為も交換ではないのか、という反論があるかもしれない。南極大陸に生息するアデリーペンギンは、交尾に先立つ求愛のディスプレイ（誇示行動）で、オスはメスのところに可愛らしくもよたよたとやってきて、石ころを贈る。よたよたと言っても、人間の目からしての話である。メスペンギンの目には、「あら、立派なゆさぶりね」と頼もしく映っているかもしれない。でなければ、「誇示」行動にはならない。ガラパゴスコバネウのオスは、海草を贈り物にする。そして、セックスしたあとは、石ころや海草は、二人の愛の巣づくりのために直接役立つのである。

となると、この行為は、メスの性的サービスと石や海草との「交換」のように考えられてしまうかもしれない。交換という行為を、物と物とのそれだけでなく、心理的な効果やサービスとの交換をも含めて考えれば、動物の性行為と交換を結びつける例は、次から次へと出てくるかもしれない。まえに述べたように、動物生態学は、動物経済学でもあるのだから。

しかし、ヒトの性行為は、ふたつの個体間におけるサービスや物のやりとりではない。それは、オスとメスの一種の役割分担による哀しくも美しき「演技」なのである。

しかし、これだけでは何のことだかわからないかもしれない。

言いにくいことはずばりと言ってしまおう。性はヒトにとって「死」の世界を無意識に（ときには意識的に）感じさせるための行為であり、それは供犠（神に生贄《いけにえ》を捧げる）の行為の模写なのである。

いきなり、根本の根本にはなるが、男は生贄を神に捧げる執行者の役割を、女は自らの体を神に捧げる被執行者の役割を担う。ここでは、女体は象徴としてヒトの世界の〈過剰〉を表わしているわけだ。それゆえ、女性は好きな相手に自らを捧げるとか、あげるとかいうわけなのである。セックスにおいて、男が能動的であり、女が受動的であるのは、供犠の執行者と被執行者の役割分担だと思えばよい。

つまり、まえに述べたように、過剰の処理、破壊の陶酔こそ、ヒトがヒトたるゆえんであるという事実が、またしても浮き彫りにされるのである。

ヒトは、かつては生殖＝種の維持のためにあった性を、死の世界に疑似的にひたりこむための、これまた疑似的な生贄を捧げる行為に変えてしまったのである。

なぜ、そんなことをするのか。ただ、セックスが好きなのか。いや、そんなことはない。そうしなければ、ヒトの社会が病み衰えてしまうからだ。ヒトが、他の動物と違って、生殖目的以外の「無駄な」セックスをするのは、このゆえんである。生殖はその結果としてあるのだ。

性の満足は、決して生理的な快感だけではないことが重要なのである。

古代メキシコのアステカ帝国では、生贄として捧げられる女性は、全身白装束（死の世界への旅立ちにはいかにもふさわしい）、白と黒の羽根で飾られ、顔には黒と黄色の死化粧を施されて供犠に捧げられた。

このとき、風前の灯となった生を思い、泣きながら踊る女と、供犠の執行をいまや遅しと待ち構える執行者の男は、間違いなく肉体的結合なしのオルガスムスを感じていたにちがいない。メキシコ人以外のわれわれも、この光景を思うと、けっこうセクシーさを感じてしまうのである。

よく、極限状況に追い込まれ、死を目前にした人間は、食欲はまったく衰えてしまうのに、性欲は異常に昂進《こうしん》するという。これも、性が死の世界と強く結びついていることのひとつの表われである。

日本では、同性愛が公認されていた

近代社会では、ヒトの性行動のなかで、同性愛、サディズム、マゾヒズム、血液嗜好症《ヘマトフィリア》、死体愛《ネクロフィリア》、露出症、小児愛、動物愛《ズーフィリア》、苦痛嗜愛《しあい》、切片嗜愛、窃視、喰糞、飲尿（書いているうちにだんだん変な気分になってきた）等々を「異常」だとか、「犯罪」だとかにみなしてきた。

しかし、ヒトにとっての性が、生殖を主たる目的とせず、それを通じて過剰を処理し、破壊のエクスタシーを感じることにあるとすれば、男と女の異性愛だけが「正常」で、その他のものはみんな「異常」だと言ってすますことはできないだろう。

たしかに、いままでいくつか例をあげたように、動物の世界にも、ヒトの目から見れば異常とも思える行動がないわけではない。

かなりがんばっている奴もいることはいるのだ。動物学者のローレンツの研究によれば、ハイイロガンのオス同士には、一生涯続く同性愛の「つがい」関係がある。二羽のオスは発情期になると、交尾を試みるが、悲しいかな、できるはずもない。イラついた一羽がメスのところに行って交尾することもある。それでも、終わったあとはオスのところへ帰ってきて、ワビをいれて再び「つがい」を作るのである。

しかし、これとても群れの連帯を強めるための行動であり、オスネコがメスネコのひげをひっぱって苦痛を与えたところ、メスネコが快感をおぼえてゴロゴロいう、などといった「人間的」な場面は、一〇〇パーセントありえない（旧作にて読者からの報告を求めていたが、ネコのこういう行動はないようだ）。

それでは、なぜヒトは、近代社会が異常だとか犯罪だとか決めつけた、（近代人にとっては）おどろおどろしい性行為をするようになったのか。同性愛を例にとって考えてみよう。

同性愛について考えるさいに、まず前提になることは、ヒトの性行為が、生殖を主な目的としていない以上、エロティシズムを感じるためには、性行為を男女間のものに限定する必要などない、ということだ。男同士、女同士のセックスを選んでも別にかまわないのである。

また、イエス・キリストを心に描いて自らを捧げ、エクスタシーに達してしまった聖テレジアのように、相手が心の中の神であっても、そこには根本的な違いはないのである。

たとえば、北アフリカのシワン族の社会では、男同士で性関係を持たない成人は変人扱いされ、「異常」だとみなされてしまう。また、沈黙交易やポトラッチを行なうことで有名なシベリア北端のチュクチ族では、男同士の結婚が存在し、子どもを作るためには、「メカケ」の女性とセックスをする、という制度が認められている。

チュクチの男は、ある日突然、自らをシャーマンだと名乗り、女装をはじめる。いい歳をしたヒゲ面の男がである。彼は、女性の仕事である針仕事や皮みがきをやりはじめ、体つきまでもが女性的になってしまう。

歴史を振り返ってみよう。古代ギリシャ時代の伝説的最強軍団、テーベ軍では、男性の愛人同士がペアになって出陣した。これは、やはり精強さで知られたスパルタ軍も同じ、アレクサンドロス大王のマケドニア軍も同じである。

日本でも、新撰組局長・近藤勇の手紙によれば、「最近は、婦人と戯れることはほとんどない。組の中で男色が流行しています」とある。このような集団のほうが、死に接するエロティシズムを感じて、強力な戦闘力を発揮したことは、想像に難くない。

だいたい、軍隊にはホモが多いのである。

これまでは、女不足だからなどと思われてきたが、ちょっと違う。性の本質と死の接近という問題が基礎になる。私の考えによれば、ホモのほうがある面でより本質に近いらしいのだ。

歴史上の人物で、ホモ・セクシュアルだったといわれる人をあげると、驚くべきものがある。アリストテレス、プラトン、ソフォクレス、シェイクスピア、オスカー・ワイルド、ジイド、プルースト、モーム、ルソー、ダランベール、ボルテール、スウィフト、チャイコフスキー、スタンダール、メリメ、ドラクロワ、ベーコン、サント・ブーヴ、キェルケゴール、ミケランジェロ、レオナルド・ダ・ビンチ、そして日本では折口信夫《しのぶ》、三島由紀夫……。アレクサンドロスは少年時代、アリストテレスを家庭教師にしていた。すると二人は?……というような想像は超文学的であるが。

ゲーテなどは、「少年愛は人類とともに古い。自然に反しているにしても、天性のなかにあるといってもいい」とさえ言っている。

こう錚々《そうそう》たるメンバーが登場すると、ホモ・セクシュアルでない私などは、はっきり言ってひけめを感じてくる。

男だけだと片手落ちになるので、女の代表的人物もあげておこう。ギリシャ時代の女流詩人サッフォーである。レスビアンという言葉は、彼女が生まれたレスボス島にそのもとを発している。

そもそも日本では、欧米と違って同性愛は公然たる制度であった。

江戸時代、真宗以外の僧侶のあいだでは、男色が黙認され、逆に女犯《にょぼん》が罪とされた。女犯の罪は市中さらし者で、極刑は死罪である。

また、薩摩の武士のあいだでは、男同士が交わると、勇敢になると信じられ、稚児《ちご》さんが公然のものとなった（西郷さんは、いまでこそ上野の山にまじめくさった顔をして立っているが、〝経験者〟だった。あまつさえ、藩主の島津久光から疎んじられたときには、ペアの相手の僧侶・月照と海へ飛び込んで心中未遂までしているのである）。

とにかく、江戸時代では、同性愛は「高級」だったのである。下級娼婦の夜鷹《よたか》の揚げ代が二四文ぐらいのときに、男娼のそれは、実に銀四〇匁（金三分の二両に当たる）、なんと一〇〇倍の「高級」さである。

目を現代に転じてみよう。アメリカの人類学者フォードとビーチの研究によれば、対象にした七六の原始共同体のうち四七（六二パーセント）に同性愛が存在し、残りの二九の社会でも、秘密裡にそれが行なわれている可能性が大きいという。

また、有名なキンゼイ報告によると、アメリカ社会の約三七パーセントにものぼる男性が、オルガスムスに達する同性愛の経験を持っていた。

さらに、三五歳未満の男性の約五〇パーセントもが、程度の差こそあれ、なんらかのかたちで同性愛を経験していたという。

何が「正常」で、何が「異常」か

ここまでで、ヒトの社会では、同性愛は、古今東西を問わず、広い範囲で存在していたことが明らかになった。

それでは、同性愛が、もともとはヒト社会で「正常」なものとみなされていたのかといえば、そうではない（もちろん、近代社会で言うところの正常、異常のことではないが）。この問題は、なかなかに根が深いのである。まえに述べたように、殺人、食人が禁止されたのに続いて、性に関する禁制が現われ、そのなかには、同性愛をはじめとする、近代社会が「異常」だとみなした、さまざまな性行為が含まれていた、と私は考えている。

それでは、なぜヒトは同性愛を禁止したのか。それは、同性愛を通じて垣間《かいま》見る死の世界が、異性愛以上のエロティシズムを感じさせることを発見したからである。つまり、妊娠可能性のない同性愛は、異性愛以上に根本的に無駄であり、より非日常的であることを発見したがゆえに、日常的生活のなかからは遠ざけたのである。これは、決して逆説ではない。

生産的労働に異性愛を置き、同性愛を消費的労働に据えたのである。両者が同じ役割を果たしたり、ジャンケンで役割を交替する同性愛があるのも、そうすることによって、「同性」同士の性行為であることをより強く感じさせ、禁止を侵犯し、目くるめくエロティシズムの世界に漂うためなのだ。

『クルージング』という映画で、ニューヨークのゲイの実態にスポットが当てられたことがある。それによれば、彼らは、昼間はジムやアスレティックに通って、筋骨隆々の体を作り、夜になると、好きな相手を求めて街をクルージング（流して歩く）する。このような彼らの行動も、より強い禁止を求める、という同性愛の本質から見れば理解できるし、きわめて「人間的」な行為だと言えるかもしれない。

同性愛をこのように考えれば、近代社会が「異常」のレッテルを貼った、サディズム、マゾヒズム、動物愛等々の性行為も、根は同じだということがわかる。そのいずれもが、日常的な異性愛以上に、非日常性、聖性を感じさせ、より大きな過剰を処理することができるからだ。誤解を恐れずに言えば、ヒトの性の本性からすると、性の対象が東南アジアの女性であろうと、動物であろうと、本質的な違いはないのである。この点については、あとで述べよう。

だとすれば、このような同性愛、サディズム、マゾヒズム等々を、性的な「倒錯」だとか、「異常」だとかきめつけるのは、おかしいのではないだろうか。たしかに、そうではない人たちのほうが多いのは事実なのだが、同性愛者たちにもひとつの少数者グループとしての市民権を認めることが必要である。

しかし、この本が単純な「異常愛のすすめ」になっても困るので、ひと言つけ加えておこう。フランス文学者の澁澤龍彦《しぶさわたつひこ》氏が言うように、性行為は、通常は禁止されているものを侵犯するほうが、より陶酔度が高いし、よりエロティシズムの根源に迫れるのである。

いずれにしても、同性愛にせよ、サディズムにせよ、それを性的「倒錯」ときめつけるのは間違っている。英語では、性的倒錯のことを sexual-perversion と呼ぶが、perversion のもとの意味は「強情を張る」ということだ。

そう、まさしく同性愛や、近代社会が倒錯だとしたその他の性行為は、ヒトとしての本性に強情を張っているのである。しかし、隣のおじさんが夜になると庭先にしのんできて、わが家の可愛い飼い犬に性交を迫ったり、イギリスの人類学者エリスが報告した、女性の鼻の穴にペニスを入れたがる男などは、たしかに「異常」である。

しかしである。おぞましい話だが、おじさんが自分の飼い犬と部屋の中で性交したり、女性が自由意志で団子鼻をさし出せば、異常でも犯罪でもない。好きにやらせておきなさい。お互いに合意しているならばだ。ただし、他人に暴力的に異常を強要する者に対しては、断固として処すればいいのだ。

余談になるが、京都大学の森 毅《もりつよし》元教授が、興味深い話をしておられたので紹介しておこう。

「あるときサル学者たちが集まって、類人猿と人間とでは雑種ができそうだ、チンパンジーで実験したいけど、できたコドモの戸籍はどうしよう、なんて話をしていると、隅のほうにいた今《いま》西錦司《にしきんじ》先生が身をのりだしてきて、〝おい、ゴリラはおれにやらせろよ!!〟」

長年、霊長類の研究にたずさわってきた泰斗《たいと》、今西錦司氏ならではの名言である。ひと言にしてヒトの性の本質をズバリついておられる。

ヒトは、性の袋小路に入ってしまったのか

いままで述べてきたことからわかるように、ヒトは過剰な性的エネルギーを持ち、その過剰を処理するために、より非日常的な時間、空間を求めることを種として選択してしまった。

このようなヒトの性の「進化」史から考えれば、現代社会がかかえている性の問題にも、よりヒトとして本性に立った見方を明らかにすることができる。

たとえば、ヒトが性の時間を夜に求め、しかも部屋を暗くして行なうことが多いのも、次のように説明することができる。すなわち、夜は、もともと暗闇《くらやみ》を恐れるヒトにとっては、「聖なる時」であり、少しは非日常的な時間であるからだ。動物の場合は、日常と非日常の使い分けはない。主に昼間活動する動物は昼間に、夜行性の動物は夜間に性交する。

また、悪名高き買春ツアーがなくならないのも、日本男子が、過剰を処理するために、わずかでも非日常的な空間と対象を求めて、国際便のタラップを駆けのぼるからである。

ことわっておくが、私は、買春ツアーはヒトの本性だから仕方がない、などと言うつもりは毛頭ない。およそ醜《みにく》い行為だと思っている。ただ、それを私たちのモラルの高低だけで論じてみても、決してなくならない、と言っているのだ。売春防止法で赤線を禁止しても、青線やソープ

ランドに姿を変えるのと同じことである。どこぞの婦人議員や、なんとか団体が、「だから道徳教育、倫理教育が必要なのだ」などとヒステリックに叫ぶのは、あまりに表面的だし、あまりにきれいごとにすぎませんか、と言っているのだ。

これに対して、世の中には、道徳教育、性教育などといった、およそ近代主義的な発想に立たなくても、性的過剰を処理するユニークなシステムを持っている社会がある。イギリスの人類学者ラドクリフ・ブラウンが最初に明らかにした冗談関係（joking relationship）と呼ばれる「制度」がそれである。

この冗談関係は、いわゆる未開社会の多くの部族のあいだに存在し、いまや普遍的とさえ考えられているシステムである。これは、たとえば、祖父母と孫、あるいは甥《おい》と伯母、同世代の男と女、また、男と男といった人間関係のなかで、お互いにふざけ合うことが許されているというものだ。というより、制度としてふざけなければならない、と言ったほうがいいだろう。

たとえば、道で甥と伯母が出会ったようなときには、「おばさん、あんたいま発情してるんだろ」といったたぐいの性的ジョークを飛ばしたり、場合によっては、襲う格好をしたりするのである。

この冗談関係は、性的なふざけ合いだけにはかぎらない。ときには暴力をふるう真似をしたりすることもある。しかし、その場合でも、たいていは性的なふざけ合いが入っている。

つまり、性的なものを通じてお互いにふざけ合い、故意に無礼な行動を働くことが、社会全体に承認されているものである。そして、その結果として、人間関係に深刻な敵意が生じ、戦争や性的な暴力が発揮されることを未然に防いでいるのである。

未開社会が、このようなシステムをどうして「発明」したかは明らかではないが、実にみごとな過剰の処理方法である。現代社会で、サラリーマンが女子社員をからかったり、軽くお尻にタッチしたりするのも、根は同じようなものだ。

子どもの社会には、もっと優れた（?）方法がある。スカートまくりがそうであり、現代っ子はあまりしなくなったそうだが、あのなつかしき「お医者さんごっこ」もそうである。この程度の子どもの〝遊び〟に目くじらを立てる必要はない。

しかし、ワイ談を言い、女子社員がキャッと叫ぶのを楽しんでみても、現代のヒトの性的過剰を満足させることはとうてい無理な話だ。のべつ幕なしにこんなことをやっていたら、社会からは「異常」ではないかと思われてしまう。

そこで、ヒトのオスは、東南アジアへ勇躍旅立つ。また、ソープランドのメッカ雄琴《おごと》温泉では、ソープランドの排水が流れ込む琵琶湖で泳いだ女子高生が妊娠した（?）、などという処女懐胎の現代神話が生まれる。

ヒトは、なぜパンツをはくようになったのか

ここまで述べてくれれば、ほぼおわかりいただけるだろう。ヒトがパンツをはくようになったの

は、日常的な生活のなかでは、性をひたすら隠しておき、ある特定の非日常的な時間や空間でそれを脱ぎ去り、一気に陶酔し、興奮し、過剰を処理するためなのである。

ヒトは、性の行為を、過剰を一気に蕩尽する聖なる行為の類似物として位置づけてしまったがゆえに、いくら性のエネルギーが過剰だからといっても、のべつ幕なしにやるわけにはいかなくなってしまったのだ。のべつ幕なしでは、聖なる行為にはならないからだ。

たとえば、あなたは、ヒトが明日から突然パンツをはかないで生活をはじめたときのことを想像できるだろうか。たぶん、こんなことになるにちがいない。

男性が睾丸《こうがん》をぶらぶらさせて歩いていたら、女性は最初は喜ぶが、すぐに困惑してしまうだろう。また、女性がすべて見え見えで生活をはじめたら、私のような者は困惑し、多くの男性は初日は欣喜雀躍《きんきじゃくやく》し、二日目も喜び、三日、四日と持続して、なにほどかの行為をするだろう。

しかし、こんなことがしばらく続くと、もういい加減にしてくれ、ということになり、つつましく下着をつけている女性だけが襲われるようになるにちがいない。ヌーディスト村で、着物を身につけているほうがわいせつに見えるのと同じことだ。

このことからもわかるように、日常的生活のなかではパンツによって隠され、見たい、したいの過剰がたまりにたまって、それがあるとき、脱いだり脱がされたりして目の前に現われるから、ヒトは興奮し、陶酔するのである。第五章でくわしく述べるが、いわゆるポルノの本質もここにある。全部出せばいいってものではない。

だから、その意味で、女性の体を単なるモノと考えれば、処女だろうと経験者だろうと同じではないか、という近代主義的な発想になってしまう。しかし、処女は、少なくとも十何年（人によってはもっと長いが）の歳月の溜め込みと、とっておきがあるのだから、男性にとっては、やはり貴重な存在なのである。

つまり、ヒトは、非日常的な瞬間により大きな陶酔を味わうために、日常的生活のなかでは、パンツをはき、秩序を守り、労働に励んで、性を遠ざけたのである。文化人類学者の山口昌男氏が言うように、日常的生活と非日常的生活の両面の対立がなければ、ヒトの社会は成り立っていかないのである。

ヒトは、このように、非日常的な瞬間にそれまでためにためた過剰を一気に蕩尽させるためにパンツをはくようになった。

そしてまた、ヒトの性に関する「無駄」な努力も、ここからはじまったのである。たとえば、私はまったく知らないが、〝四十八手〟なるものがある。これなども、今日はこれ、明日はこれと、とっかえひっかえ行なうことによって、多少は非日常的な世界に漂うことができるかもしれないという思いで、ヒトはさまざまなアクロバット体操を作り出したのである。

また、あの手この手の前戯が〝発明〟されたのも、オルガスムスの瞬間まで過剰を溜め込み、一挙に吐き出すためなのである。

話が脇道にそれるようだが、葛飾北斎《かつしかほくさい》の版画にヒトの性の本質に鋭く迫った作品があるので紹介しておこう。それには、馬鹿げたことに、男と女が二台のブランコに乗り、向かい合ってブランコをふりあげ、一、二の三でドンと「やる」場面が描かれている。また、彼は、男が長い竹の棒に何本もの張り形をつけて、省エネ的に何人もの女性と性交している図も描いている。

この場合、こんなことが実際にできるかどうかは問題ではない。ヒトは、このような馬鹿馬鹿しいことを考え出すということだ。したがって、私はこれを滑稽な遊びと考えるだけでなく、哀しいヒトの本性を示した傑作だと考えたいのだ。

また、この北斎の版画は、性というものを通して「道具」の本質を私たちに教えてくれている。第二章で述べたように、道具は、過剰の蕩尽をより大きくするためにヒトに与えられたのだから。

話をもとにもどそう。このように考えてみると、フランスの文学者ジョルジュ・バタイユが、性交渉の最も陶酔的な状態は墓場における性交である、と考えたことにも理解が及ぶだろう。ヒトは、墓場によって死の象徴を感じとり、そこでの性交渉でオルガスムス、すなわち瞬間的な死の世界を漂うことができれば、日常的には遠ざけている、最も尊い過剰の存在を感じることができるのである。

ヒトがパンツを脱ぐ日はくるか

ところで、古今東西の文学作品には、墓地で結ばれる二人とか、抑えに抑えたプラトニック・

ラブの恋人同士が、あるとき突然〝悪〟の衝動に燃え上がる、というストーリーが数多くある。また、『嵐が丘』や『ジェーン・エア』のような純愛小説は、耐えに耐える上流家庭の可愛らしき娘が、どちらかというと悪くてどうしようもない男性を求めたり、あるいはその逆だったりという、「耐えること」と「破ること」の対比を、みごとに追求している。

これに対して、エロ、グロ、ナンセンスと呼ばれるような三文小説は、ページごとに小出し小出しに毎日パンツを脱いで、死だとか悪だとかを披露してしまうために、逆に「いざ」というときのないことが多い。

だから、文学理論においては当たり前のことだが、ヒトにとっての性の本質から考えれば、よく練られた純愛小説は、やたらに性描写の出てくるフスマの下張り小説より、はるかにエロティックなのである。

そのなによりの証拠が、そもそも『嵐が丘』や『ジェーン・エア』の作者、ブロンテ姉妹自身が、厳格な牧師館の娘で、耐えに耐えすぎて、ついには「はいたまま」で一生を終えたことである。彼女たちが、ヒトにとっての性の本質により強く迫れたのは、当然といえば当然かもしれない。

「お願い、教えて、愛するって耐えることなの?」

と歌ったのは、まだ多少は可憐さを残していたころの浅丘ルリ子である。私は、個人的にならで教えてやってもいいと長らく考えてきたが、ちっとも聞きにこないので業を煮やして教えることにしよう。やはりそうなのである(もっとも、歌詞を作った奴は、たぶん知っているのだから、教えても仕方がないが)。

ただ、ひと言つけ加えるならば、ヒトはただ耐えるだけではいけないということだ。一生、耐えっぱなしで、ついにパンツを脱がない、なんてことになったら、ヒトはおかしくなってしまうにちがいない。はきっぱなしは、ふつうはさびしいことなのだ。

ふつうは、というのには意味がある。ヒトが過剰の破壊を追求する最高の形態(もちろん、ふつうのヒトには無理であるが)は、ギリシャの哲学者のように、自ら黙って息をつめ、そのまま窒息死するという恐るべき意志力を発揮することにあるからだ。日本の「即身仏」になった僧侶も、恐ろしいエロティシズムを感じていたにちがいない。

ヒトは、このような馬鹿なことができる。また、それがもしできれば、理論的には(私は幸か不幸か、理論的にしか知らない)ほぼ最高の陶酔形態であり、パンツの脱ぎ方であると言えるだろう。ヒトにとっての性が、死の世界を垣間見ることにあるのだから。

したがって、宗教的陶酔の極致も、実は最終的には当然エロスに結びつくのである。聖修道女テレジアが、信仰のあまりに恍惚《こうこつ》となり、エクスタシーに達するという話はまえに述べたが、法隆寺の玉虫厨子《ずし》にも、自らの身を飢えたトラに捧げる、最高の宗教的陶酔の瞬間が描かれている。

さらに、紀州・青岸渡寺《せいがんとじ》の高僧は、小さなにわか造りの船に乗って、行方知れぬ聖なる他界を求めて「渡海」した。歴史に名高い補陀落《ふだらく》渡海の高僧である。

考えてみれば、このような行為は、男と女の役割分担などという「姑息《こそく》」な手段をとらずに、単身でそれを行なったのだから、はるかに「純粋度」が高いといえる。

けれども、このような行為も、実は哀しい。ヒトがパンツをはき、日常的には死やエロスや聖なるものとは接触しないことを決め、ある特定の時間や空間でそれを一気に蕩尽することを選んだから、このような行為をとらねばならなくなってしまったのだ。チンパンジーがいくらがんばったとしても、自ら即身成仏を目論んだり、ネコが自らミイラになろうなどと考えることはあるまい。これは、決して笑い話的な比喩《ひゆ》ではないのだ。

ヒトが裸のサルではなく、パンツをはいたサルであること、そのことのなかに補陀落渡海や即身成仏に至る哀しくも強い意志の必要が生まれてしまったのである。

ここまで繰り返し述べてきたように、ヒトは、性というものを生殖目的からはずれた、自らの精神的エントロピーを吐き出す場に変えてしまった。近代社会が異常だとか、倒錯だとかきめつけた、ヒトのさまざまな性行動も、ここから生まれ出たのである。

ヒトの歴史を「進化」と考えるならば、種としてそうなるように選択してきてしまったのだろう。これは、善悪の問題ではない。

いわんや、近代社会のなかで云々《うんぬん》されてきた「正常」か「異常」か、などといった二者択一的な問題の立て方では、ヒトにとっての性の問題は、とうてい理解することはできないだろう。なぜなら、ヒトは美しくも哀しき儀式のために、永遠にパンツを身につけ、死の世界に漂う欲求を持ち続けるからである。

神は、なぜヒトをこのようにうまくいかない種に育てられたのだろう。それとも、やはりヒトそのものが神なのだろうか。

第四章　神経症という名のパンツ

恐怖は人を意識的にする。ただしこれは、病的な恐怖であって、自然な恐怖ではない。そうでなければ、動物たちのほうが人間よりも高度な意識に到達しているはずであろう。

つばを、相手の顔に吐きかけたらどうなるか

動物園のゴリラがノイローゼにかかり、餌をまったく受けつけなくなって、飼育係を困らせたという話がある。これを聞いた人のうち、大多数は、

「へえ、ゴリラもずいぶん人間らしいところがあるね。案外、高級な神経をしているじゃないの」

という感想を持ったのではなかろうか。言いかえると、ノイローゼになるのは人間らしいことであり、ノイローゼにあらずんばヒトにあらずと、無意識のうちに思い込んでいるのである。まさに然《しか》り。近代社会のなかで生きている私たちは、程度の差こそあれ、だれも彼もがノイローゼにかかっている。

動物園のゴリラにかぎらず、ヒトが飼っている動物で、ノイローゼ的な症状を示すものは少なくない。ろくに散歩もさせてもらえないお座敷イヌは、病的に吠《ほ》える。意地悪い観衆の視線に絶えずさらされているサルのなかには、体中の毛をむしり取って、文字どおり裸のサルになるのもいる。そういうときは、パンツをはかせてやりなさい。人間になるから。

野生の状態で暮らしている動物は、まずめったにノイローゼになることはない。絶無だと断言する勇気はないが、きわめて稀《まれ》なケースであることは確かだ。ノイローゼは、人間に特徴的な現象だと言ってよい。

ノイローゼ、神経症とは何か。それは、決して物理的な誤認や誤解をすることではない。たとえば、ノイローゼや統合失調症でもウマの足が六本に見えたり、橋がないのに橋がかかっていると錯覚して川に落ちることはない。

神経症の特徴は、その人が属している共同体の大多数の人間が、「当たり前のこと」とか「正しい道」とか、「かくあるべし」と思っている基準から、はずれた思考や行動をするところにある。私たちは、当たり前のこととしてパンツをはく。たまに何かの都合でパンツをはかないと、たとえズボンをはいていて他人にはわからなくても、不安に陥る。自分が、他の圧倒的大多数の人間が「かくあるべし」と信じている道から、はずれているために起こる不安である。

そして、そのパンツを脱ぐには、特定の場所と時間を選ばなければならない。それにも、共同体内部の共通の基準がある。路上やデパートやオフィスのなかで脱いだら、神経がおかしくなっていると思われる。逆に、銭湯やソープランドに行って、どうしてもパンツを脱げない人も、やはり神経症なのである。

アフリカのある部族の社会では、挨拶《あいさつ》のとき相手の顔につばを吐きかける。相手に敬意を表するためで、これをやらない人間は異常とみなされる。日本の社会で、入社試験の面接に行った学生が、敬意を表するのあまり、人事部長氏につばを吐きかけたら、これはひどい異常である。

テニスコートで、女性が短いスコートをひらひらさせながらプレーする姿は、きわめて美しい。だからといって、五〇歳の男性が自分も美しくプレーしたいばかりに、同じスタイルでコートに出たら、たとえスネ毛を剃《そ》っていても、これは異常な行動だ、となる。どうしてもそうしなければ気がすまないとなれば、神経症と言わざるをえない。

けれども、スコットランドでは、むくつけき男性もスカートをはいていた。それも、いうところの巻きスカートである。軍隊もすべてそうだった。スコットランドの軍隊は、あまり強くなかったが、たぶん、それは裾《すそ》を気にしたせいではないかと思われる。スコットランドでスカートをはかない男性は、過去においては異常だったのだ。

ただ、この神経症あるいは、以前精神分裂病と呼んでいた総合失調症が、周囲との関係性からだけ生まれ出ると考えてはならない。もっと大きな関係性とかかわっている可能性を忘れてはいけないのだ。たとえば、遺伝子とその遺伝子のあり方を決めているかもしれないウイルスとの関係性などである。

挨拶《あいさつ》の仕方がまちまちなのは、ヒトだけである

このように、共同体によって「すべきこと」と「すべきでないこと」の内容が違うのは、ヒトだけに見られるものだ。他の動物の場合、すべきこととすべきでないことは、種によって遺伝的にきっちり決定されている。鎮守《ちんじゅ》さまの森のカラスの一群と、海岸の松林を根城にするカラスの一群とで、挨拶の仕方が違うことはない。世界中どこに行っても、イヌはしっぽを振って仲間に親愛の情を示すが、しっぽのかわりに前足を振ったなどというためしはない。

もちろん、例外がないわけではない。たとえば、宮崎県の幸島《こうじま》のニホンザルは、イモやムギを海水で洗ってから食うことで有名だ。この清潔な文化を持っている群れは、最初はここだけであったが、その後、この習性は他の群れのサルにも「伝染」していった。不思議なことである。

ただし、誤解しないでほしいことがある。それは、チンパンジーやニホンザルのような社会性の強い霊長類は、社会的行動が遺伝的に組み込まれているといっても、それがそのまま行動に表われるのではない。母親をはじめ、群れのメンバーから学習することによって、はじめて社会的に通用する行動を身につける。

したがって、細かい動作の違いや、その受け取られ方の違いは、群れごとの違いとしてありうるのだ。群れから隔離されて育てられた子ザルは、いつ、いかなる場合に毛づくろいやプレゼン

ティングをしたらいいか知らないために、社会生活が営めなくなる。

このように、社会関係を維持する行動は、種によって厳密に決定されており、その行動を他の行動と取り替えることはできない。

ところが、ヒト科の動物だけは違った。社会の根底に横たわる基礎的なタブーは共通しているが、表面上の社会的作法の次元では、個々の共同体がおのおのばらばらに、共同体を維持するための約束を作ってしまった。そのために、たとえば相手の顔につばを吐きかけることが、こちらの共同体では軽蔑《けいべつ》を、あちらの共同体では尊敬を表わすという違いを生ずる。

もちろん、それらのなかには、ヒト科の動物が、遠い祖先から、おそらくはアミーバのような生物の時代から綿々と引き継いできた、遺伝的な行動のパターンがある。そして、いま述べたような文化的な行動のパターンも、遺伝的な行動のパターンの上に築かれていることは言うまでもない。さらに、それぞれの共同体が、住んでいる土地の環境に制約されて、行動のパターンを編みだしたということもある。

だが、同時に、ヒトだけにある人種間の強い格差ということにも少しは思いを至らせておく必要がある。行動パターンだけでなく、ハンチントン舞踏病のような精神病の一種が、脳の器質的原因から生まれ、発生率は人種によって異なるという恐るべき事実も直視しなければならないからだ。

ヒトが生物的、遺伝的に伝えられた行動のパターンだけで生きていけるのなら、なにもパンツをはく必要はなかった。生存や生殖に必要な、遺伝的な行動のパターンだけでは生きていけなくなってしまったからこそ、かわりに行動の基準を幻想として作りあげたのだ。

そして、ときには無理やりそこに自分を合わせ、あたかもその幻想が、自然の摂理であるかのように思い込んで、共同体のメンバーは行動しているわけである。心理学の岸田秀《きしだしゅう》氏は、これを「共同幻想」と呼んでいる。そして、人間だけが、この「共同幻想」に基づいて生きている。もともとこの言葉は、文芸評論家で思想家の吉本隆明《よしもとたかあき》氏が、社会の成り立ちの基礎にあるものとして使ったものだが、しばらくは、私もこの言葉を使わせてもらって話を進めたい。

神経症のない社会とは

「共同幻想」とは、ひとつの共同体の行動の基準でもあるし、別の見方をすれば価値観を決定するし、「善」や「悪」の概念をも決定する。

共同幻想は、もともと生物学的に絶対的なものではないから、ヒトなる動物も生物的存在としてそれに従っているわけではない。いわば、共同幻想に従うように演技をしているのである。

共同幻想は一定の、かつ強い根を有するものではあるが、個人の内部の精神状態は、必ずしも共同幻想とぴったりフィットしていないこともある。とくに近代社会では一致しないことのほうが圧倒的に多いし、未開社会では少し異なって、フィット度はたいへん高くなる。

ところで、共同幻想という「学術用語」は、本来は国家について考えるさいに用いられるべきものだが、ここではある程度比喩的に使うことを許していただこう。たとえば、中学校の生徒は、先生や親の言うことをよく守り、酒やタバコはのまず、女教師のスカートをまくったり、不純異性交遊とやらもせず、清く正しく美しく暮らすべし、という共同幻想がある。大多数の生徒は、この共同幻想に従うように、よい子の演技をしているが、なかにはそう思わない生徒もいる。酒やタバコをのんだら大人の気分になれるんじゃないかとか、美人の女先生のスカートをまくったら校内の英雄になれるはずだとか、きわめて個人的な幻想を持つだろう。これを岸田秀氏は「私的幻想」と名づけている。

さて、並はずれた私的幻想を抱いている者は、それを外部には出さないかもしれない。多数によって袋叩きにされる危険があるからだ。

ところが、ひょんなきっかけから、同じような私的幻想を抱いている「同志」を知ったとする。それが、一人や二人でなく、何人かが同じだったということで、グループを組む。このグループも小さな共同体であって、ここでは一般社会からは私的幻想とされているものが、グループの共同幻想となるわけである。

神経症は、このような私的幻想が抑圧され、いつまでもはけ口を見出せないときに起こる。そして、私的幻想が共同幻想から激しく離反し、共同幻想に合わせていく技術や意欲を失いかけると、それは統合失調症ということになる。テニスのスコートをはいたら、さぞ美しくなれるだろうという私的幻想を抱いている五〇歳の男性は、そのまま放っておけば神経がやられるだろう。だがこの人が、スコットランドの軍隊に入隊してスカートをはかされても、やはり神経症になるにちがいない。

だから、共同体は、なるべくたくさんの私的幻想をすくいとって、これを共同化し、共同幻想とするほうが、メンバーの神経症を少なくすることができる、と言える。「五〇歳の男性がスコートをはくのは、美しいことですよ」という共同幻想があれば、先の気の毒な男性も神経症にならずにすむ。こっそり奥さんのスコートをはき、鏡に映して一瞬うっとりとしたあとで、やはりおれは異常ではないかという罪悪感に悩まされることもないだろう。

この共同体のデビスカップの男子代表選手が、全員スコートをはいて会場に出現したら、他の共同体の人びとは、全員目をむくであろう。そして、その一人ひとりの選手と話してみたら、まことに健全で、自分たちよりもまともなのではないかと思うにちがいない。

「イエスの方舟《はこぶね》」という宗教集団が話題を集めたことがあった（一九八〇年）。大多数の人びとは、彼らを理解しがたい狂信者の集団とみなしたが、それは、他の大多数の人間が積極的にであれ、いやいやながらであれ、ともかく承認している共同幻想とは、相容れなかったからである。だがおそらく、メンバーの一人ひとりは、話してみればごくまともな人であったはずだ。私は実際に会ったことはないが、「イエスの方舟」の女性メンバーが、キャバレーのホステスとして立派に資金稼ぎをしたことが、それを雄弁に物語っている。考えてもみよう。ある男が神経症になりたくないために、キャバレーなる「悪場所」に行ったのに、そこに人間離れした異様なホステスがいたら、ちっとも気が休まらないではないか。彼女たちは、ホステスとしては少々まじめすぎたかもしれないが、まともだったのだ。聖書研究の主宰者、千石剛氏（二〇〇一年没）は、「イエスと名乗ったことはなく、おっちゃんと呼ばれている」人だった。この事件は、典型的な新宗教集団への世俗による弾圧事件だったと思われる。

夫の血を飲むと治る総合失調症もある

こう言うと、未開社会にも、いくつかの有名な精神病があるではないか、と反論する人がいるかもしれない。

たとえば、一九世紀の末、マレーで発見されて有名になったラタ－病は、その後、フィリピン、インド、アフリカ、北ヨーロッパ、中国東北部、モンゴルと、広い地域に広がっていることがわかってきた。

ラタ－病は、いわゆる反響言語と反響動作を持っていることが特色である。

反響言語とは、自分では決して、そう意識しないのに、他人の言葉を自動的に繰り返してしまう症状である。反響動作とは、他人がやった動作を、やはり自動的に繰り返す症状である。

たとえば、ある人間がこのラタ－病者の前で鉛筆を手にして、自分の手の甲に字を書いてみせる。

すると、ラター病の人間は、手にしていたタバコで同じことをするから、大ヤケドになる。ラター病はアイヌのなかにあるイム、あるいはイムパッコと呼ばれる病気にもよく似ている。

それから、アフリカのケニアには、既婚女性のみに見られるサカ病という精神病がある。あるとき突然、痙攣《けいれん》を起こし、目を閉じて失神したまま震えるという病気で、汽笛やマッチをする音、タバコの香りで起きる。

ところが不思議なことに、夫のパンツや腰巻きや夫の体を洗った水などを飲ませたり、夫の腕から採った血や、よそゆきの洋服などを与えると治るというのである。まるで、性的欲求不満の女性が、夫とのセックスや、気に入った洋服を与えられたために治ったように見える。

このほかに、有名なのはいくつもあるが、なかでも強烈なのは、カナダに住むクリー・インディアン、あるいはオジブワ・インディアンのあいだに見られるウィンデゴ病と呼ばれる精神病である。この病気にかかると、ヒトはウィンデゴという神に化身したような妄想《もうそう》を抱き、猛烈にヒトの肉を食べたくなるのである。ときには、自分の親族に突然襲いかかって、その肉を食べてしまうという、グロテスクな症状を表わす。これはまずい。

このように、きわめて激しい総合失調症や神経症は、もちろん近代社会にもあるが、未開社会のなかでとくに顕著に観察されるのはなぜだろう。

だが、見落としてはならないのは、これらはいずれも、均質な本来の未開社会において起きてはいないということだ。なんらかのかたちで、近隣の部族の支配を受けたり、支配を受けないまでも、他の文化との混ざり合いが起こった社会で発生しているのである。

文化が混ざり合うと、そのなかで比較的弱い集団ができあがり、そこに属するメンバーが、いわば共同幻想の混乱に耐えられなくなってくるのである。そうした場合に、一気に精神病が現われる。だから、言ってみれば、外的支配の成立や権力の成立が、神経症や総合失調症の発生と時期を一にしているということができる。

先にあげたサカ病も、決して女性の性的欲求不満から起こるのではない。白人がケニアの社会に入り、賃労働という範疇《はんちゅう》が社会のなかに入ってきたときに発生した。

男性は白人に雇われ、現金収入を得るが、女性のほうはこれから疎外されている。そこでは、金が欲しいとか洋服が欲しいなど、表面的には欲求不満として現われる。だが根本的には白人の登場によって、ケニアの社会のなかの共同幻想の均質性が失われたことが原因なのだ。

その内部的な精神的葛藤《かっとう》は、決して解決することができないために、個々人の私的幻想が共同幻想にフィットすることがない。よそゆきの洋服や、夫のパンツなどは、混乱してしまった共同幻想のなかで、かつてのより均質な人間関係や共同幻想を回復させる役割を果たすのだということがわかる。

これと同じようなものが、日本のきつね憑《つ》きや犬神憑きだと言ったら、驚くだろうか。これは、私が文化人類学・民俗学専攻の小松和彦《こまつかずひこ》氏とともに著わした『経済の誕生』（工作舎）で述べたことだが、集団的憑《ひょう》依《い》現象と呼ばれるきつね憑きや犬神憑きは、日本の社会に市場システムが入り込み、大きな経済的変化が生じたときに起きているのである。

もっとも、この本で一貫して主張しているように、近代社会、未開社会を問わず、ヒトなる動物は、生存や種の維持に必要なもの以上のものを処分して生きている、不自然な生き物だ。また、ヒトは、自分の個体だけで生きていくことができない本能が破壊された生き物である。ヒトも、ヒトが作っている社会も、根本から神経症的存在であると言えるのかもしれない。

その意味では、未開社会もヒトの社会として根本的に神経症的だということも可能だ。楽園などはないのだ。作っていくしかない。

それでもなお、異質な文化が混ざり合っている近代社会に生きる私たちは、広い意味でつねに激しい神経症に苦しめられていることは確かなのである。

革命が起こるわけ

いま述べたように、ひとつの均質な社会に外的な権力や、それに伴う共同幻想が持ち込まれると、社会に混乱が起きる。近代社会は、そうした混乱を内部に抱え持ち、それを押さえ込んでいる社会である。

日本であれ、アメリカであれ、いくつかの共同幻想が混ざり合い、たがいに歪《ゆが》め合って、不可思議な像を作り出している。日本で言えば、政治思想の違い、都市と農村の差、世代格差、ポルノ解禁の賛否、原発推進賛成か反対か等々。

けれども、どの社会にもそれなりに最大公約数的な共同幻想ができあがっており、これに私的幻想を合わせることによって、人びとは一応は平和に、かつ幸せそうに生活しうる。もし、どうしても私的幻想を共同幻想に合わせることができなければ、その個人は、自分の属する共同体から脱《ぬ》け出すか、その共同体を変革する以外に、自らの幸せを求めることはできない。そのままでは、神経症を重くするだけである。

そして、ある程度似たような不満を持ち、私的幻想を抱いた個人が集まるならば、それが革命を要求するという事態になる。マルクスの理論が非常に多くの支持者を得たのは、もともと不満な私的幻想を持った人間にとって、なんらかの「科学的」説明が必要であったからである。

日本の経済学には、『資本論』の書き出し部分を整理して論理的矛盾を排除していった宇野理論のような世界でも稀なきわめて理知主義的な、論理的なマルクス経済学が現われた。そしてマルクスの論理的誤りを指摘したけれども、なんら『資本論』の売れ行きには影響しなかった。それは、マルクス主義がひとつの救世思想として受けいれられていたからであり、彼らは『資本論』を理論として読むためではなく、自分の私的幻想解放のシンボルとして買ったからだ。

革命は、新たな共同幻想の必要性を感じる、既成の社会のなかの弱い層が求める共同幻想の改革なのである。既成の社会の弱い層とは、明治維新を引き起こした地方外様《とざま》藩の下層武士階級であってもよいわけだ。アメリカの独立戦争がなぜ起きたのかということについての、最新の歴史理論を見てみよう。

アメリカのノースウェスタン大学の経済史教授J・R・T・ヒューズは、アメリカで最も有名な歴史家のひとりだ（った）。彼は『世界経済史』のなかで、次のように述べている。アメリカはイギリスから一七七六年に独立をしたが、それ以前にイギリス本国から厳しい経済搾取にあっていたということはなかった。それどころか、当時のアメリカは、イギリスからかなりの経済的恩恵を受けていた。

では結局、なぜアメリカはイギリスに対して独立を宣言することになったのか。それは、イギリスの押しつける共同幻想に、植民地一三州の人びとがついていけなくなったからであった。彼らは、新たな共同幻想を必要としたのである。俗な言葉で言えば、アメリカ人は、イギリス人の押しつけてくる共同幻想や論理に対して、おもしろくなくなった、イヤになったということに尽きる。その理由には、イギリス人が自分たちを、いつまでも植民地の住人であり、本国での「食いつめ者」としか見ようとしなかったことや、本国での堅苦しい階級制度の発想を持ち込んできたことなどがあげられよう。

こうしたことからヒューズは、経済状態が革命を起こすのではないと断言している。

革命は、過去の共同幻想がイヤになったときに起きるし、それだけが、きわめて強い力を持つものなのだ。論理や経済状態は、革命への助けになっても、革命を起こす基本的な力とはなりえない。また、もしも私たちが権力者であるなら、論理や経済的な問題を超えた、強い私的幻想を持った反権力集団が現われたら、とても手に負えないであろう。革命はそうした集団が、肥大化することによって起きる。

その肥大化は、宣伝やオルグや教宣活動によって起きるものではない。元来、その社会のなかに既成の共同幻想を拒否する層が、大多数になったときにのみ起きるものなのである。

徳川政権の崩壊がそうであったし、ナチス、ヒトラーの登場も、新しい共同幻想に基づいていたということができる。だから、それを、一片の批判的文句「ファシズムは悪だ」で抑えることなどできはしないのだ。

革命は、これまで考えられていたように、経済的な問題や、搾取の鎖を断ち切るというようなことでは、まったくない。いくら運動している人たちはそう思ったとしても、そんなことは関係ない。社会全体が、共同幻想と私的幻想の離反から生じた自らの神経症を治す行動だったのである。

しかし、もしも弱い層が求める新たな共同幻想が、その時期では相対的な幸せを社会にもたらしたとしても、その共同幻想が唯一不変、絶対確実なものだというようなことはあるわけがない。

これが、自らを自己絶対化し、少しでも反対するものを投獄、粛清するというスターリン主義のような、馬鹿げたことをやったらどうなるか。明らかに、過去の古びた共同幻想よりも、はるかに劣悪で邪悪で、ひどい神経症を生み出すことになるし、事実そうなっている。

歴史的正義とかのために、ロシア革命を熱烈に支持した人には、責任をとってもらいたい。ロシア革命は、ユダヤ人の、ユダヤ人による、ユダヤ資金資本家のための革命であった（『パンツを脱いだサル』第二章参照)。私も騙されたひとりだったので、いまこの本を書くことで責任をとっている。

ギャンブルは神聖なり

革命とは、神経症の危機に直面したヒトの社会が、自らを蘇生《そせい》させるものであることは、いま見てきたとおりである。いわば、権力を奪取して、自らがよしとする新しい共同幻想を共同体に承認させようというのだ。

このような方法で神経症の苦痛から自らを解放するのとは別に、ヒトはもうひとつのチャンネルを使って、蘇生することを知っている。それが「遊び」である。

遊びという言葉は、いろいろな意味に使われているが、実は物を生産しない、という意味に用いられることが最も多いようだ。「悪い遊びを覚えた」というのは、子孫を残すという生産的目的からすれば、まったく無関係に性的エネルギーを蕩尽することを指している。要するに、無駄な行為を遊びというのである。

この観点から見た無駄なことは、ヒトにかぎらず広く動物の社会のなかに見出すことができる。すでに触れたように、ヒヒには妊娠を目的としない性交がある。また、動物行動学者の日高敏《ひだかとし》隆《たか》氏によれば、チョウのオスは、まさしく無駄に飛び回ることもあるという。

しかし、これらの動物世界の無駄は、結果として、その動物の種の維持に役に立っている。主として、「人口」を抑えて、それこそ無駄な餌とり合戦をしないですむようにする機能が働いているということだ。

ヒトの場合の無駄、遊びは、これとはかなり違っている。無駄を無駄と知りつつ、無駄であるがゆえに無駄をするのだ。実に、無駄ではないか。

ギャンブルは、まさしく非生産的労働である。

賭けマージャンは非合法とされているから、ここでは競馬を例にとろう。本当はカッコよく、賭けマージャンのどこが悪い、と開き直りたいのだが、天性の日和見主義者である私には、どうも向いていないからである。

競馬の予想新聞を何種類も買いこみ、データを綿密に検討し、情報を交換し合い、当日ともなれば、気が遠くなるほどの雑踏にわが身を投じる。これが労働でなくしてなんであろうか、と思うのだが、本人も他人も、決して労働だとは思わない。つまり、無駄なことをしているのである。

そうやって、百にひとつぐらいの幸運で、たまたま勝ち馬を的中させ、いくばくかのおカネが手に入ったとする。この幸運児は、そのおカネをどうするか。

おそらく最も健全なのは、次のレースにぶち込んでしまうことであろう。このおカネで背広を買おうとか、女房に渡して家計の足しにするとか考えるのは、本人もなんとなくうしろめたく、他人の嘲笑《ちょうしょう》を買うだけでもある。ギャンブルに、現実的な有用性を持たせたら、ギャンブルの神聖性(?)が汚されてしまうのだ。

フランスの社会学者ロジェ・カイヨワが世界に紹介したアルゼンチンの動物賭博《とばく》は、こうしたギャンブルの性格をよく表わしている。この動物賭博は、政府発行の宝くじを利用して考え出された、一種の非合法の連勝複式バクチである。

たとえば、公認の宝くじの当たり番号が0298という番号だったとする。非公認のもぐりの動物バクチのほうでは、あらかじめ、00から04までをワシ、97から100までをオウシなどと決めておく。05から09まではアルマジロとかいろいろあるかもしれないが、くわしいことはどうでもよい。要するに、0298だったらワシ―オウシという連番を買った者が的中となって、配当金をノミ屋からいただくという仕組みである。

この動物賭博は、政府発行の宝くじより、熱狂的に大衆のあいだに浸透した。人びとは、女房子どもを養える最低のおカネのほかを、すべてこのバクチに注ぎ込んだ。ために、銀行業はいっこうに発展せず、アルゼンチンの経済成長を阻害する結果となった。スケールのでかい話である。

ここで、私たちはふたつの重要な示唆を受ける。ひとつは、人間は、ギャンブルという非生産的で無駄なことに、おカネという労働の成果を蕩尽できるものであるということ。そして、それがきわめて刺激的、興奮的、陶酔的なものであって、一国の経済体制をも左右するほどのものであるということ。

もうひとつは、どうやら人びとは、ギャンブルに現実主義的なイメージを与えるのを好まないということ。二〇世紀末にできた日本のサッカーくじが流行《はや》らないのもこのせいである。政府発行の宝くじを買うことは、国庫を富裕にするという現実があって、そのような現実的な共同幻想はイヤなのだ。それよりかは、非公認という闇の共同幻想に頼るほうが、より刺激的、興奮的、陶酔的であることを、人びとは「知って」いるのである。

子どもの遊び

こういうわけで、遊びは人間の社会にとって、きわめて根本的なものであることがわかる。つまり、遊びは過剰に生産した財物やサービスを蕩尽するという、祝祭的な性格を持つとともに、神経症から人間を逃避させるものであるのだ。その意味で遊びは、結局、人間社会に活力をもたらすもので、決して無駄なものではない。遊び心を理解できない奴は、ヒトたりえないのだ！

ところで、いままでの話は、あくまでも大人の遊びであって、子どもの遊びは少々趣が違う。子どもは、大人のように、わざわざ手のこんだ過剰を用意して、それを処理するということがない。子どもは、その場の状況に即して遊ぶのである。

とはいえ、子どもの遊びには、ふたつの種類がある。水泳とか木登りなど、自然そのもののなかで行動する遊びと、オママゴトに典型的に見られるような、大人の人間関係を模写する遊びである。

前者は、子どもがまだ完全なヒトになっておらず、より動物的であるところから出てくる遊びである。大人になってからは高い所に登るのが怖くてイヤな人でも、子どものころはたいてい木登りをしたはずだ。近ごろの都会では木登りするような木がないため、木に登れない子どもが続出しているという。

哀しい話ではあるが、その代用品として、遊園地に設けられた機械で、三次元の空間を体験している。あの、高い所からかなりのスピードで落下する乗り物類は、大人にとっては一種の恐怖だが、子どもにとっては快感である。やはり子どもは、サル的な要素を濃く持っているわけだ。

いっぽう、後者の遊びでは、子どもが大人の人間関係をまねることで、社会に適応する準備をしていると言える。さきほど触れたように、共同幻想に合わせる演技の仕方を学ぶのだ。子どもに「ごっこ」遊びが多いのも、そのせいである。人形を抱いて遊ぶ女の子は、母親の演技を、戦争ごっこをしている男の子は、指揮官や一兵卒の演技をしているわけである。

だから、たとえばママゴト遊びができない子どもは、人間社会に適応するために、より大きな努力を傾けなければだめで、ために神経症になりやすいと言えよう。

ママゴトといえども、決して馬鹿にしてはいけないのである。

よく、エラい人が、考えが甘い若者（と一方的に評価しているだけだが）に向かって、「ママゴトやってるんじゃねえぞ」などと説教するが、意味をきちんと知ってから言ってもらいたい。

ついでに、サルの遊びをざっと眺めてみよう。彼らは、子どもは言うに及ばず、大人になっても実によく遊ぶ。

子ザルは、仲間同士や大人のサルと遊ぶことによって、グループにおける順位や挨拶の仕方などを学んでいく。これなどは、ヒトの子どもの遊びときわめて似た内容を持っている。また、ゴリラやチンパンジーなどの霊長類は、大人でも「ふざけて」頭から葉っぱをかぶってみたり、子どもと「真剣」に遊んだりするという。

しかし、ヒトの大人の遊びと、ヒトの子どもやサルたちの遊びの決定的な相違は歴然としている。それは、いま見たように、ヒトの大人は、さまざまな手のこんだ準備を積み重ねたあげく、その過剰なものを蕩尽するという遊びをすることだ。

そして、そのことによって、社会の精神的、物理的なエントロピーを処理し、神経症の苦痛をやわらげるのである。その蕩尽するものが大きければ大きいほど、準備がたいへんであればあるほど、楽しみは大きくなる。

人びとが、ゴルフやテニスのウェアに高い金をかけたり、名人の作った釣り竿を手にしたがるのはなぜか。

高いウェアを着たり、いい道具を使ったりしたところで、腕前がたいして上がるわけではない。けれども、ぼろのウェアや道具を使ったのでは、蕩尽の快楽を手にできないからである。

そして、この蕩尽の極致が、おそるべきことだが、自分自身の生命と身体とを破壊することにほかならない。

私は、ウィーンを訪れたとき、国立美術館で大ブリューゲルの有名な絵「子どもの遊び」の前に立って、しばらく考え込んでしまったことがある。

この絵には、跳び馬やコマまわし、お面をつけて遊ぶ子ども、水泳など、ありとあらゆる子どもの遊びが、克明に描きこまれていた。彼は、この絵で見る者に何を訴えようとしたのか。

その同じブリューゲルが、「子殺し」という絵を描いている。こちらのほうは、雪の村にやってきた兵士たちが、村の家から子どもを出させ、あるいは戸を蹴破って泣き叫ぶ子を奪って殺すのである。その様子もまた、ひどく克明に描かれている。おそらくブリューゲルは、遊びと殺戮《さつりく》が根底において繋がっていることを知っていたのだ。

遊びは、表面に見える楽しさとは似ても似つかぬ、底なしの闇のごとき恐ろしさを秘めているのだ。

宗教もまた、パンツである

ここまでくると、遊びの根源的な意味が、実はきわめて宗教的なものだということがわかる。

宗教とは何か。

よく知られているように、かつての人間の社会においては、政治と宗教は一体のものだった。祭政一致である。共同体が近代社会になる過程で、国家が共同幻想の「光の部分」、すなわち政治とか経済だけにのめり込んでいったとき、そこから取り残されて光が当たらなくなった部分の共同幻想が宗教となった。

あるいは、政治や経済にのめり込むために必要な根本的な不安除去の役目を果たした。根本的不安とは、われわれヒトは何者で、どこからきたのかという不安である。その不安を，宗教はよく言えば薄らげてくれ、悪く言えばゴマかしてくれた。

現実的な社会のなかで、さまざまな制約に縛られて生きていくことは、実に心身ともに疲れることである。精神のエントロピーも、たまりにたまる。共同幻想にフィットしない私的幻想が、苦悶《くもん》のうめきを発するのである。かといって、私的幻想は、決してこの世で満たされることはない。

そこに、宗教が登場する。この世で満たされない私的幻想を、あの世で満たす約束をしてくれる宗教が。ときには、現世利益をうたう宗教団体が生まれる。だが、それらのものは、本当は真の意味の宗教ではない。真の（ましな?）宗教とは、ヒトがすべてを知ることはできない進化と生命と幸せへの転生の秘密を教えてくれるものでなければならなかった。真の宗教はこれまではなかったが、いまや少しずつ姿を現わしつつあることを「予言」しておこう。

あの世の存在や、世界の闇の部分を感じることができる力こそが、ヒトのヒトたるゆえんである。そして、やがて自らが自らの体という過剰を処理して、つまり死という生理現象を迎えて、その闇の世界に至れるという考えこそが、ヒトの心をほっとさせる。死があるから、現実的な生が活性化されることは言うまでもない。死が永久に来ないものであるとしたら、生は闇の部分を失って、先もまた失われるであろう。

言ってみれば、宗教とは、ヒトがただ物理的に生きるためだけなら、不必要な阿片である。だが、過剰を蕩尽するパターンの極致という観点からすれば、やはりヒトのパンツの一種にほかならない。

多くの宗教が、行《ぎょう》と称して肉体を激しくいじめるのも、いわば肉体という過剰物を処理する、死の象徴へできるかぎり近づこうとする意欲の表われである。また、脳の中にある種の神経伝達物質の働きを起こさせようとするもので、結局は科学的根拠のある行為だ。断食、火渡り、坐禅などの宗教的な行や、断食をして生きながらミイラになるという月山《がっさん》の活仏《いきぼとけ》は、それらの典型である。

この即身成仏を試みた男がまさに死なんとするとき、彼はこのうえない法悦、目くるめく陶酔の世界をこの手に入れた至福感にひたれるはずである。そして、たぶん、最後に残っている宗教という名のおごそかなパンツをも、誇らしく脱ぎ捨て、息を引きとるのである。

第五章　法律という名のパンツ

狼の生態をめぐるラジオ放送を聞く。咆哮の実況入りだ。なんという素敵な言語だろう！　こんなにも胸を引き裂くものが他にあろうか。私はこの声を忘れることができない。いつの日か、あまりにも深い孤独に陥るようなことがあったら、私はこの声をまざまざと思い起しさえすればよい。一個の共同体に自分が属していることを、すぐにも私は自覚できるであろう。

アメリカに、「ライオンを連れて劇場に入るな」という法律がある

法律は、人間にとってやっかいなパンツである。

上は憲法から、下は〇〇市条例、広い意味では学校や会社の規則まで、私たちの生活にはクモの巣のように法律や規範（暗黙の了解）、命令の網がかぶせられている。

小は交通違反、軽犯罪から、大は殺人罪に至るまで、法律は人間のありとあらゆる行動に網を

張り、それぞれに「罪」と「罰」を規定している。そして、いわゆる近代国家、先進国になればなるほど、それは煩瑣《はんさ》で膨大な体系を誇っている。

言うまでもなく、タコやエビの国には、軽犯罪やわいせつ罪はない。人間だけが、どうしてこのような網の目のパンツをはくようになってしまったのか。本章では、この「法律という名のパンツ」について考えてみることにしよう。

まず最も具体的で、法律の本質に迫る問題から入っていきたい。何かと言えば、とても法律とは思えない愚かな法律の話である。笑ってはいけない。愚かさこそ、人間が作った法律の本質なのだから。ここでは、法体系の整った「先進国」の代表としてアメリカの法律の数々をご紹介しよう。評論家の石崎ジョン氏が『諸君！』に発表したそれを見ると、いかにもおかしい。たとえばコネティカット州法では、

「公園のベンチでアベックが座るとき八インチ離れなければならない」

という命令があるという。西部劇で有名なカンサス州のウィチタ市では、

「ウインドー内でマネキン人形を着かえさせるとき、人形の裸が公衆の視線に触れると風紀紊《びん》乱《らん》になる」

ことになっていたという。また、コネティカット州ハートフォード市条例では、

「なにびとも逆立ちで道路を横断すべからず」

とあった。きっとだれかがやったにちがいない。「ただし、スカートをはいた女子学生は除く」

とつけ加えておいてくれるとよかったのに……。

メリーランド州ボルチモア市では、

「劇場にライオンを連れて入ることを禁ず」

という条例があったらしい。もちろん、だれかが実際に連れて入ったから、禁じなくてはならなくなったのだ。

このことは、広い意味での法律の本質をよく表現している。あとでくわしく述べるが、法律（成文法）はある集団（国家、共同体、学校、会社、党派、暴力団、暴走族等々）が、内部に自然に持っている規範からはずれる奴を抑えるためにできるものだ、ということである。逆に言うと、はずれる奴がいないと法律はできない。ここではそれだけを確認して、おもしろいからもっと引用してしまおう。

•ケンタッキー州法――妻の祖母と結婚することは許されない（母ではない。祖母なんですよ。なんというおぞましいことか）。

•コロラド州トルテック市――手で魚を捕らえることを禁ず（禁じなくても大丈夫じゃないのかね。それとも、インディアン抑圧なのかな。少なくとも何かあるね）。

•ネブラスカ州オマハ市――理髪師は、客の要求によろうとも、胸毛を剃ることを禁ず。

•ロードアイランド州ビースデール市――女性にタバコを与えることを禁ず（これはひょっとして「差別」じゃないか！）。

•テキサス州ラボック市――ゴミ箱の中で睡眠をとることを禁ず。
•アラバマ州モントゴメリー市――ゴミ箱に腰掛けるべからず。
•ルイジアナ州ニューオーリンズ市――ゴミ箱を蹴っ飛ばすべからず（なんでアメリカ人は、これほどゴミ箱にこだわるのだ？　たしかに、スラムに行ったりすると、あのゴミ箱というかゴミ缶は目につくな）。

ここまでは、人間さまのことだから、まだよいのだ。法律は、ついにその権限を動物の世界にまで及ぼす。

•ケンタッキー州ベルヴュー市――ハトは市の上空を飛ぶべからず（そう言われても、ハトには市の行政区画上の地域なんかわかるわけはないではないか。これをハト迷惑という）。
•オクラホマ州ショーニー市――私有地においても、イヌは三匹以上で会合してはならない。
•ミネソタ州インターナショナルフォールス市――ネコはイヌを電柱に追い上げてはならない（イヌがネコを、ではない。ネコに対して禁じているのだ。ネコの学校で教えねばならないが、そもそもネコはイヌを電柱に追い上げられるのだろうか？）。

そして、ついに出ました。法律の本質をある意味で徹底的に明らかにするものが。

•カリフォルニア州ソーサリート市――市の風紀指導委員会の許可なくして、酔っぱらうことを禁ず（酒がまわっていい気分になりかけたら、いったん理性でストップしたうえで、委員会まで許可証を取りに行かねばならないらしい）。

いかがですか。言ってみればの話だが、かなりアメリカも遅れていますな。ちなみに、なぜアメリカにこんなアホな法律が多いかというと、アメリカが異文化混淆《こんこう》社会だからである。異なる価値体系（文化）を持つ集団が集まって社会を作っているから、奇妙な法律が多くなるのだ。異文化のあいだでは、暗黙の了解など成り立たない。その結果として、愚かな法律が大量生産されるのである。

「四畳半」有罪判決は、全面的に正しい⁉

しかし、私たち日本人も、アメリカは遅れている、と笑ってばかりはいられない。ポルノグラフィをめぐる昨今の風潮など、はっきり言ってアメリカ以下ですな、本当に。ポーズで「禁止」に反対していると、立派そうに見えるというフリだけがまかり通って。

ところで、あなたはポルノの解禁に賛成ですか？　反対ですか？

反対と答えたあなたは、法とポルノの本質をよく理解しているから、本章は読まなくてもよろしい。賛成と答えた（おそらく大多数だろう）好色人間は、鼻の下とパンツの紐《ひも》を締め直して、これから述べることを熟読玩味していただきたい。

一九八〇年十一月二十八日、最高裁判所第二小法廷（栗本一夫裁判長）は、永井荷風作といわれる戯作『四畳半襖《ふすま》の下張《したばり》』裁判で、被告の作家、野坂昭如《のさかあきゆき》氏らに罰金一〇万円の有罪判決を行なった。この栗本ポルノ判決は、ご存じのように、たいへん評判が悪かった。賛成派のあなたも、ビニール本解禁ならず、とガッカリしたことだろう。

わが尊敬する野坂昭如被告まで、人間の営みを裁判所が裁くことができるのか、と大見得を切っておられるし、大島渚《おおしまなぎさ》氏に至っては、体の部分で見せていいところと悪いところを分けるのはすべての差別に繋がる、とまたまた大見得である。まことに格好がよい。そんなことが差別の問題なのか?

ちょっと待っていただきたい。栗本判決は、名前が私に似すぎているのが気に入らないが、ポルノと法の本質に照らして、あれはあれでまったく正しいのである。

『黒い雪』や日活ロマンポルノ裁判も同じ栗本判決だったが、あれは要するに、つまらん作品で、これしきのものでは人びとを興奮させず、世に「害毒」を流さないからと無罪になった。野坂被告に対しては、力作であり、芸術性高しと認め、きちんと礼を尽くして、「有罪」、一〇万円。ご愛嬌《あいきょう》の金額である。野坂も大島も、わかっていないところはあるが良い奴だ、ということを栗本は知っていたのである。

だいたい、どなたもおっしゃるように、わいせつの基準など決められるわけはないのだ。それを守って作品を作らされたら、野坂昭如氏でも大島渚氏でも愚文、愚画になってしまうのは理の当然である。社会通念が変化しているのに対応できていないですと? では、何がどこまで変化したのか、明確に示せますか?

それはできないのだ。

そもそも、エロティシズムとは何かからはじまって、私たちヒトのオスが女陰の形態に対して興奮するのは（文化によって好きな形の差があることを除いても）、言語で操る知のレベルの問題ではないのだ。

それはむずかしく言うと、非言語的知のレベルであって、この裁判で一見激しく対決しているかのように見える被告側と検察官も、実は意識の深層では、同じ共通底を持っているはずである。

各新聞にのった、この裁判に対する識者の意見で、さすがに鋭かったのが、かつての被告、澁《しぶ》澤龍彦《さわたつひこ》氏（『悪徳の栄え』の翻訳で有罪判決）である。

澁澤氏は、『四畳半』は有罪でも、もはや文学がメディアとしての有罪性を維持できなくなっている現状が問題だと言う。つまり、最高裁による「有罪」というご好意はありがたいが、文学自体が社会のなかで「悪」の位置を確保できているかどうかを考えるべきだ、とのご意見とみた。

私も同感だ。

文学はフランスの文学者ジョルジュ・バタイユの言う、広義の「悪」と接触し、人間存在を燃え上がらせるものでなければならない。

だから、昔はともかく、いまの目から見ると『四畳半』は絶対に愚作である。ファック、ファックまたファックではシラけることおびただしい。やればいいってものではないのだ。もちろん私もやりたいが、学問だってやりたいし……。

澁澤氏の意見が鋭いのは、その背後に、エロティシズムは禁止の侵犯によって成立する、という胸のすくような深い洞察があるからである。

そのレベルからは、権力だの差別だのといった大向こうをうならせるためだけの発言は出てこない。「有罪」性こそが、エロティシズムの本質なのだから。澁澤氏と、やたら権力と闘うポーズをとる人びととでは、知性が違うのだ。

ちなみに、日本では限りなくタブーに挑戦する芸術家というのは通りがいいが、これは日本人の吉田松陰好きにゴマをする、一種の世俗性である。つまり、日本人は、自己の信念に生きることを誓い、他者との関係を顧みず（できれば、妻子まで捨てると、演出としてはなお上出来である）突き進むタイプが好きなのである。相手が「権力」だと、ひどくわかりやすいので大受けに受けるわけだ。そして、それは自分ができないからなのだ。

ポルノ解禁は、「みんなでやればこわくない」

さて、この澁澤氏と対照的なのが、やはり作家の三浦朱門《みうらしゅもん》氏のご意見である。三浦氏は、この有罪判決は「国民の道徳を法律が裁くのは余計なおせっかい」であるが、「わが国は未成熟」だから社会が独自で判断できるかどうか、と嘆いておられる。日本は「遅れて」いるから、こんなことになるんだというわけである。

これは冗談である。法律が道徳を裁けるわけがないではないか。次章でくわしく述べるが、そもそも道徳と法律は、根源的には同じものだ。それを裁いたら、自家中毒になってしまう。裁いているのは、「悪」としての『四畳半』である。そして、澁澤氏には見えているように、文学としては「悪」のほうがいいのである。つまり、有罪のほうが。

この三浦氏が違っている点は「わが国は未成熟」云々《うんぬん》という発言の背後に、「先進国」の欧米では性の解放も進み、ピルだってだれでも使っているという、お定まりの欧米基準観があるからだ。アメリカが、そんなに「進んで」いないのは、まえに見たとおりだ。

ポルノや性の表現でも、当然、日本と欧米は求めるところも、禁ずる重点も違う。

まえに述べたように、ヒトはその社会を維持するための最も大切なものを聖なるものと考えて〈聖別〉し、それを禁じたのである。

たとえば同性愛がそうだ。日本では同性愛は、歴史的にいっても、まあ黙認されている。ところが西欧のあちこちでは、同性愛は「犯罪」である。アメリカのある州では、男子警官が男子用公衆便所で待ち伏せ、モーションをかけて応じた男をホモとして逮捕するという、ウソのような話まである。この手口で国会議員までもが逮捕されているのだ。

テーベ神聖隊(古代ギリシャ、テーベ市の伝説的最強軍団。男性の愛人同士でペアになっていた)の伝統をひく西欧では、同性愛を〈聖別〉し、一般にはそれを禁止したのだ。

一九八〇年、イギリスを震撼《しんかん》させた〝ヨークシャーの切り裂き魔《リッパー》〟ピーター・サトクリフの事件なども、ヨーロッパ社会にひそむ性についての〈聖別〉の重さを物語っている。
彼は、自分は十数人の女を殺して切り裂いたが、肛門性交だけはやっていない、そんなわいせつなこと、非人間的なことはしないぞと、自白を拒否してがんばった。実は、そっとやってみた形跡は歴然としているのにだ。

これらのことからわかるように、西欧は日本のポルノ解禁の基準にはならないのである。「わが国は未成熟」などというレベルの話ではないのだ。

ついでに言っておけば、西欧では女陰を正面から見ることに文化としてさしたる価値を感じないから、それを堂々と出すのである。彼らはあれを、凹《へこ》みとか窪《くぼ》みと見る。フロイトを想起してほしい。彼らの場合、筒井康隆《つついやすたか》氏が心理学だなどと言って揶揄《やゆ》するように、凹みはみな女陰の象徴、突起はみな男性自身と見られて一方的解釈になってしまう。

以上のことからすれば、ポルノを解禁するのは、別にむずかしくもなんともないことがわかる。法の本質に照らして考えれば、ビニール本の発禁をやめさせるには、みんなでやたらにビニール本を出すこと、みんながやたらに買うことなのだ。つまり「みんなでやればこわくない」というのは、法の成り立ちを考えると真実なのである。

ポルノを解禁するのはいっこうにかまわないが、しかしそのとき、私たちはポルノに代わる他の何かを〈聖別〉しなければならなくなるだろう。〈俗なるもの〉に対立する〈聖なるもの〉のない社会など、ありえないからだ。それは、とても怖くて恐ろしいものだと思う。ポルノ程度を禁止しておくのは、必要なご愛嬌というものである。

ともかく、栗本判決は、『四畳半』を「有罪」とし、罰金一〇万円を科した。いいではないか。被告諸氏にとっては、一〇万円にまったく実害はないし、「危険」だということで、多少の文学的価値を認められた。

私は野坂氏にただアハハと笑ってもらいたかったし、まことに正論に終始した他の作家・弁護人諸氏にも、いいものはお代を払ってやるべきだ、という理論を大まじめに提示したい。もちろんポルノ賛成派の諸君にも。

で、のちに明らかになってしまったが、栗本判決はまったく私の理論と合致していた。理由は、栗本一夫は私の父で、彼は自分のわからない分野では私としばしば話し合っていたからである。交通事故やポルノや政治問題などではそうであった。彼は、ポルノ事件では被告はわざと有罪をもらいたがっていると見通していた。「有罪のほうが（ビジネスには）有利なのか」と私にも聞いていた。

異文化が重なるところに「法」はできる

さて、それではこのポルノ論議と、先のアメリカの法律を思い出していただきながら、法律の本質について考えてみよう。

まえにも触れたように、法とは社会の集団的規範が崩れ、その社会の構成員が思いがけない行為をやるから、それを抑えるために生まれるものである。もともと、ヒトの社会には暗黙の了解としての規範だけが存在した。

それは、上は「人間の肉を食べてはいけない」から、下は「人のものを盗ってはならない」に至るまで、それぞれの特定の文化状況と特定の社会関係のなかで、言わなくても暗黙に了解されてきたものだ。いまでも近親相姦や食人の禁止は、暗黙の了解としてはっきり残っており、これは通常は言わなくても了解されている。

つまり、あまりに当たり前だから、日本国憲法には、「父親の肉を食ってはならない」とは書かれていない。それでは、書かれていなければやっていいのかというと、これはもちろんいけないのである。それが、いわゆる「タブー」であって、いわば全人類に共通のものだが、その下のレベルにある各文化に固有の内部的了解は、近代社会に至る過程で崩れてきた。

ひとつの社会に、別の社会の価値体系が重なり合えば、ある人間には当然許されるものが、他の人間には鬼畜のごとき行為と映るからである。

メリーランド州ボルチモアの例で言えば、間違いなくだれかが当然許されると思って、ライオンを連れて劇場に入ったのだ。本人は平気だったし、ライオンもちゃんと座席でおとなしく舞台に見入っていたのに、後ろの座席の男が前が見えないからと怒ったのにちがいない。

「このバーローー、少し頭を引っ込めろッ！　それから、床屋に行ってこいッ！」

と怒鳴ったところ、オスのライオンが「ン？」と振り向いたのだ。男はきっと「ア、すいません」と言ったにちがいない。そして、くやし涙にくれながら、これは個人の力でなく、絶対に法で禁止すべきだと思ったから、条例となったのである。たぶん反論もあって、メスライオンなら舞台が見えるから許してやってほしいとの嘆願書も出たかもしれない。

もちろん私たち日本人は、ライオンを連れて劇場に入ることは許されないと思っているが、どこか違う文化圏には、許されると思う人もいると仮定できるかもしれないのだ。日本だって、趣味だからといって、密集した住宅地の真ん中で、ライオンを飼う人もいるのだから（そのために各県でペット条例ができた）。

異なった文化というのは、実にまったく違うものだ。

暗黙の了解が崩れるところに、法はできる。逆に言えば、異質の文化が重なり合わなければ、法はできない。

だから当然のことながら刑罰を伴う法は、文化と文化が重なって、それがひとつの社会のなかに持ち込まれたときに発生するものなのである。

そして、抑え込んでいるほうの文化が、抑え込まれているほうの文化の、自由な発露を処罰する。だからこれは、教条的左翼が言うような、抑え込まれているほうに形式的に同情すれば〝解決〟する性質のものではない。

「小石」の統計は、数学の統計より劣るか

このことは、文字の発生を考えてみれば、より明らかになってくる。文字の発生と法の成立は、よく考えると似たようなものだからだ。

そもそも内部的に均質な部族社会は、いかに高度な文明を備えていても、文字を必要としなかった。いわゆる西アフリカの無文字社会がそれである。これは驚くほど機能的に高度な文明だったにもかかわらず、文字がないためにヨーロッパに目茶苦茶に誤解されてきた社会だ。

経済人類学者カール・ポランニーが研究した、西アフリカの黒人王国ダホメ（現在のベニン共和国）は文字をまったく持たなかった。

では、きわめて遅れた幼稚な文化であったのかというと、とんでもない。彼が『経済と文明』において明らかにしたように、きわめて精緻《せいち》な政治体制や経済運営を誇っていて、イギリスやフランスからきた商人たちは、それに振り回されていたのである。

なにしろ、白人たちは奴隷を買い込むために、ダホメの通貨である子安貝や、隣の部族と戦ったり取引に使ったりするための銃などを運びに運ばされ、途中でそのあまりの「平等さ」にいや気がさして、隣の中央アフリカへ奴隷貿易の流れが変わっていったぐらいだ。

ちなみに、ふつうは、このダホメのある奴隷海岸を、白人の非道な奴隷貿易の被害地と見るよ

うだが、皮肉なことにこれは間違いである。

実際は、アフリカ人が、同じアフリカ人をそれなりの理由のもとで売っていたからだ。まったくアフリカ側のペースなのだ。だれが悪いということになれば、売ったアフリカ人だって悪いのだ。これは、私のもともとからの研究分野だから保証する。

しかし、そのアフリカの連中は文字を持たなかった。もちろん成文法も。精緻な交易方法（彼らは奴隷貿易に「平価の切り上げ」なぞという近代経済も駆使した）で白人を翻弄《ほんろう》し、国内でもきわめて巧妙な行政をしいていたダホメは、「小石」で統計をとっていた。

小石を馬鹿にしてはいけない。優れた算盤使いがアホな電卓使いよりはるかに優れているように、知的説明プロセスを省略できる小石の統計が、数学の統計より劣っているとは言えないのだ。そこには優劣ではなく、文化の違いだけがある。

文字は単に記録を残すために必要なのではない。記録を残すことが必要なのは、そこになんらかの異論の発生する余地があるから必要なのである。法と同じことなのだ。

では、その異論はどうして発生するかと言えば、当たり前ながら、そこに意見の対立がありうるからである。

これも、法の発生の原因と同じだ。意見の対立は、基本的には文化に基づく価値体系の対立によって発生する。これも同じだ（もういいですか?）。

したがって、もしも価値体系の対立がなければ、そこには異論の生ずる余地もないし、なんらの記録を残しておく必要もないのである。

それでも、文句の出る余地があると考える場合にかぎって、ヒトは過去のことを知らなければならない。そのためには文字があったほうがいい、と思うかもしれない。

しかし、過去の事実も、異論がなければ、通常は口誦《こうしょう》伝承というかたちで、問題なく語り継がれるのである。それを文字をもって記録するということは、逆に過去にあったことを言いかえたり、内部にいろいろ対立があるので、あるひとつのグループに都合のいいことを書き残したりする必要から生じるのである。大化の改新後の奈良朝政権に都合のいいことを書きならべた『日本書紀』などがいい例である。

古代メソポタミアのバビロンでは、交易は（ごまかしが起きないように）神殿で行なわれた。そしてその記録が文字で書かれた。これもごまかしを避けるためである。ある意味で、文字が使われるのは堕落だったのだ。

統一国家ゆえに必要となる文字と成文法

だから、私は日本に神代文字があったはずだという主張には、きわめて懐疑的である。

その主張の根底にあるのは、日本のように政治的、文化的に進んだ（？）国において、文字が六世紀（と一般には考えられている）になってはじめて使われたとは考えられないという発想だ。

つまり、文化が進んでいたから、文字があったというわけだ。

日本における文字の使用例を少しでもさかのぼらせようとしている（としか思えない）歴史学界の一部の傾向も、根は同じところにあるのだろう。

しかし、これは明らかにきわめて近代主義的な論理である。文字は文明の進展の物差しではない。そのような考え方は、文明は時間とともに進歩してきているに決まっているという一方的幻想に依拠しすぎている。

もちろん、日本には神代文字があったかもしれない。文字の使用例も五世紀、四世紀までさかのぼるかもしれない。しかし、日本は進んだ国だから、古代にも文字があったはずだ、という発想はヤメにしてもらいたい。

四大文明といわれるインドやエジプト、中国、メソポタミアは、たしかにみな文字を持っていた。だが、彼らは文字を使うほど高度の文明を持っていたから、統一国家を作れたのではない。逆に異なった文化を持つ部族社会を統一したから、文字が必要になったのだ。

部族社会を制圧し、異文化を内部に抱え込んで統一国家を作ったから、ハムラビ法典のような成文法が必要になったのである。

私は、日本で文字がそれなりに使われはじめたのは、やはり六世紀の中ごろだったと思う。この時代の状況が、文字の使用を格段に必要としたからだ。

いわゆる天皇政権（大和朝廷）が、四世紀、五世紀の日本の各地に巨大な古墳が作られるような豪族（部族）の並立状態から、多くの混乱を乗りきって、一応統一的な王権のように見えてくるのはこのころである。

そして、天皇政権は、儒教や仏教、あるいは道教といったその後の日本の支配原理となるイデオロギーを導入し、文字も導入した。そこには蘇我氏や聖徳太子が信仰したミトラ（弥勒、契約と太陽の神）信仰を含む初期仏教の要素もあった。

多様な文化的要素を抱え込んだ統一政権が、文字や記録や成文法を必要としたのである。『帝紀』や『旧辞』といった『古事記』『日本書紀』の基となった記録も、このころに作られている。もちろん、自らの王権の正当化（神権化）のためである。

成文法はやや遅れて、七世紀初頭の「十七条憲法」をその嚆矢《こうし》とする。

この十七条憲法の七世紀の成立を疑うむきもあるが、まったくナンセンスである。

異文化を抱え込んだ統一国家は、成文法を必要とするのだから、あったに決まっている。

そして、両者は、八世紀の奈良朝に至って『古事記』『日本書紀』、そして「大宝律令」として集大成されている。

文字と法は、同じような発生（導入）過程を持つことが、おわかりいただけただろうか。

『古事記』神話の闇《やみ》にうごめく非農耕民の影

ところで、この『古事記』に記された神話には、日本の古代社会における法の成り立ちを考える重要な問題が隠されている。

吉本隆明氏は、日本古代社会に天津罪《あまつつみ》と国津罪《くにつつみ》という二種類の罪があったことに注目する。天津罪とは絶対に許されない最上級の禁止、国津罪はキヨメハライ程度で処理できる罪である。キヨメハライもたいへんではあるが、でも、それでなんとか処理できるのなら、まったくどうしようもない罪よりもましとは言える。

ふつうヒト社会の最上級の禁止には、ヒトとしてまずは絶対に許されない近親相姦、食人の禁止などが入ることになっている。フロイトによれば、父殺しの禁止も入る。

ところが、不思議なことに、古代日本では第二級の犯罪たる国津罪に、近親相姦の禁止などの根本的禁止が出てきて、上位の天津罪とはというと、農耕用の畔《あぜ》をこわして水を流してはならないとか、倉庫（穀物倉）にクソをしてはならないとか、播種の時期を狂わせてはならないとか、たしかにいけないことはいけないが、「理由があれば許されそうなこと」ばかりなのだ。

このことを、きちんと指摘したのが、いわゆる大学の研究者ではなく、民間の評論家といえる吉本氏であることは、日本の歴史学者が反省すべきことだったろう。これは日本文化論としても重要きわまる点だ。

つまり、天津罪は、明らかに農耕文化を破壊することに対する罪である。

天津罪を制定した社会は、明らかに農耕を基本とする秩序を守ろうとして法を制定し、一段下に一般的、普遍的な罪をおいた。

天津罪が厳しく禁止されているのは、ライオンを連れて劇場に入った人のように、畔をこわしたり、穀物倉でクソをしたりすることなどは「当然」で、たいして悪いことだなどと考えない反水田稲作農耕民の集団があった、ということを暗示している。

その人びとは、いわゆるのちにいう山人（やまびと、さんじん）ではあるまいか。日本文化は、この段階から、少なくともふたつの異質文化が重なっていたのである。水田農耕民と反水田農耕民である。

この山人―非水田農耕民は、日本の文化を考えるうえで、たいへん興味深い存在である。民俗学者の柳《やなぎ》田國男《たくにお》氏などによれば、おそらく山人は、日本の古代においてなんらかのかたちでかなりの勢力を持っていた先住民であり、平地民―農耕民は、その後に現われた支配勢力の支持層であったと考えられている。

そして、この異種の文化を持つふたつの集団は、一方が他方を滅ぼすということができず、あるいはなんらかの理由でわざとせず、この日本列島のなかに二重に重なり合ったかたちで存在した。

こういう「二重性」の許容が、日本文化の基層にあるというのが、私の考えである。そして、それは、平地と山だけでなく天皇と将軍の対立並存構造なども含んでいる。

私は、この対立的文化の緊張感、そして両者のかかわりのダイナミズムが、中国や朝鮮に発達しえなかった近代社会、すなわち経済人類学でいう市場社会を、近世から日本に出現させてきた推進力になったと考えている。

日本の交易―商業は、山人と平地民の関係から発生し発達した。それは、日本の近代商業を最終的に担ったのが、ほとんど山人から出てきた集団であることからも証明されるだろう。

近代商社は、その源流をほとんど近江《おうみ》商人に持つ。

この近江商人の大部分が、山人系の出自である。近代商社のはしりである小野組は、小野小町伝説を持つ山人の中心集団であったし、住友や古河、大倉といった大商社がそこから発生している。

ちなみに、私の栗本という姓は、南近江の現在の栗太郡の小領主のものであった。小野の里も近い。織田信長との戦いに敗れて織田家に従ったのが、私の祖先である。土木水利技術者の集団であったらしい。また、なんらかの理由で、やはり山人としての性格を維持しながらこの地に残った人たちから、大阪の一部上場会社・栗本鉄工所が生まれている。

いずれにしても、天津罪、国津罪の時代から連綿と続いた対立拮抗《きっこう》するふたつの異種文化の存在が、日本の文化、経済を考えるカギであることは、間違いないだろう。

農村のイライラは、「天津罪《あまつつみ》」症候群だ

そして、この天津罪、国津罪を生み出した共同体の幻想は、現代の日本においても消え去って

しまったわけではない。消え去るどころか、現在噴き出している農村問題、すなわち農民の欲求不満の原因も、このあたりから発生していると私は考えている。

日本の社会問題には、合理的に考えても説明のつかないことが多いが、農村問題などは、その最たるものだ。いったい農民たちは、何がそんなに不満なのか。

これは、カネの問題ではないことは、明らかだ。

昭和三十年代の後半あたりから、一人あたり所得でいえば、もはや農村のほうが都市の上をいっている。農村に多少、食えない人がいるとしても、都市のぼろアパートでひしめく下層のサラリーマンにくらべたらものの数ではない。都会の青年が中古車に乗っていれば、田舎の青年は新車に乗っているではないか⁉

もちろん個別の例をさがして歩けば、農村の「貧しい」部分は、いくらでも指摘できる。けれども、それと同じ努力を都市に向ければ、その一〇倍、二〇倍もひどい例が出てくるのは明らかだ。〝貧しい農村〟などというのは、だれか（私はだれだか知っているが、言わない）が作り出した、まったくの虚像である。

だから、本当の話、農村の人びとのイライラは、やはり日本文化の基礎構造とのかかわりにあるのではないか。日本では、天津罪が農耕文化に対する罪だったことからもわかるように、実は農耕民は最も大切にされてきたのだ。農本立国である。彼らはいま、自分たちを昔みたいにもっと大切にしろ、と、言っているだけなのだ。

事実、米は、明治に至るまで実際に購買力のある唯一の「貨幣」であった。八世紀の和同開珎《かいちん》以来の貨幣の鋳造にもかかわらず、である。貨幣のことを「オコメ」と俗称することがあるのは、この名残である。金銀貨幣制度のできあがっていた江戸時代でさえも、農村内部には、金銀貨はなかなか入らなかった。それは、農村共同体の外に向けた外的貨幣だったのだ。

農村が貧乏だったからだって？　こんな考え方に対しては、ただひと言、はっきり言っておこう。ウソだ。農民が昔から虐《しいた》げられていたなどというのは、だれかが作り出したまったくの虚偽である。

江戸時代後半では、総合的には武士階級のほうが貧乏だった、と言っても決して過言ではないのだ。もちろん、農村の貧農、水呑み百姓が裕福だったなどとはとても言えないし、東北の農村は一般に貧しかった。

けれども武士の大多数も、ごくわずかの石高に甘んじ、一様に貧しかった。大名でさえも、金や米は余るほどは持っていなかった。農民に対する差別や抑圧は、武士階級によるものではなくて、庄屋や名主などの大農民によるものだった。都市に住む侍などは、威張ってみせているだけで、実はからきし力がなかったのである。

反対に、西南日本や関東の農村は全体として米を持ち、かなり豊かだった。それがムラの内部でうまく配分されていなかったとしても（実際されていなかった）、それは農村内部の格差の問題であって、都市の責任ではないし、農民全体が虐げられていたということにもならない。

いっぽう、法や制度の面から農民を「被支配層」と言うのは簡単だ。なぜなら、都市の武士階級は農民をなんとか抑えたくて、たくさん法令を出したからだ。

だが、最近の歴史的研究はみな、武士が農民をひっぱたいて暮らしていたとか、斬り捨て御免のオンパレードだった、などという実例を、なにひとつ出しえていない。当たり前の話だ。そんなことは、なかったのだから。やったら最後、一揆《いっき》の大騒ぎになって、やった武士や大名は改易《かいえき》(身分を平民にし、家禄没収)である。

法は文化の対立のないところには発生しない。肝心なことは、支配のために法令を乱発しなければならないほど「農村」は、「都市」と対立する強固な共同体だった、ということである。強固な共同体だったからこそ、外的貨幣を必要とせず、受けつけなかったのだ。

このように考えれば、農民一揆は食えなかったために起こった、などというのも、だれかの悪意に基づくきめつけにすぎないことが、おわかりいただけるだろう。食えなかったから云々は、しばしば、たまたまのきっかけにすぎなかったのである。

第四章で述べたように、革命や暴動は、貧しいから起こるのではない。貧しさは、せいぜいその引き金になるだけだ。農民一揆も、農村対都市の異文化的対立という視点からとらえなければならないのである。

そして、天津罪、国津罪の時代から連綿と続いてきたこのような農村共同体が、明治以来わずか百年(急激にはここ二十年)そこそこで崩壊の危機にさらされているのである。言ってみれば、天津罪が国津罪に犯されているのだ。

この危機感が、農村問題の核心である。だから、処方箋はただひとつしかない。天津罪を復活させることである。それ以外は、何をしても無駄である。それができる相談か、できない相談かは、私の判断するところではない。

とにかく、農民たちは自分たちが甘やかされるべきだとの考えを排して、出発し直すべきである。

法は「人間の本性」がはいたパンツである

さて、最後に、ヒトの社会にとっての国家、国家にとっての法の意味を考えて、この章のまとめとしよう。

最近は社会科学でも「権力論」はずいぶん変わってきた。たとえば、フランスの社会学者ロジェ・カイヨワあたりの権力論は、階級だの、差別だのと口走ればよい、と知的怠惰をきめこんでいる輩《やから》を痛撃する。

彼の権力論は「権力形態は、社会全体が持っている共同体深層の無意識によって決められている」というものである。私も賛成だ。

たしかに、よく言われるように、国家は強制と反動の道具だが、単にそれだけではない。国家は、その構成員の共同幻想のかたまりととらえるべきだ。国家は、自らの幻想を維持するために、内部でそれを破ろうとするものがあれば、それを抑えるために法を作り、文字で補強したりするということだ。逆に言えば、内部によそ者（制外者）がいなければ、成文法も要らず、文字も要らない。だから法とは、つきつめて言えば、共同体成員大多数の敵意の表現である。

このことは、第二章で触れたエントロピーの理論からも説明できる。たとえば、戦争における敵兵の殺戮《さつりく》と、日常的な殺人事件は、人を殺すということではまったく等しい行為だ。ところがエントロピーの考え方を共同体に適用すると、戦争の殺戮は共同体内の高エントロピー処理に役立ち、共同体のシステムを維持するものだから、英雄的行為として法によって許される。

反対に、日常的殺人事件は、行為自体は表面的にはまったく同じに見えても、共同体のシステムに「乱れ」を与え、高エントロピーの生産となるので、犯罪と目されるのである。法は、すぐれて〈共同体的なるもの〉なのである。つまり、犯人はエントロピーである。アハハ。おわかりかな。

だから五八ページで紹介したフランスの青髯ジル・ド・レ侯のような行為は、言うまでもなく「犯罪」なのである。たとえフランスを救った救国の英雄でも、ヒトの存在の基底にあるエロティシズムを正直に追求した行為者であっても、共同体的には「異常」であり、断固として「犯罪」である。

同性愛や少年愛は、私の考察によれば、ヒトの本性に根ざすものであることは間違いない。だが、ヒトの本性に根ざすとしても、ジルのような人間が隣に住んでいたら、ちょっと困るだろう。法は、それに処するだけだ。

ジル・ド・レは、裁判でおのれの罪にふるえ、許しを乞《こ》う涙を流して一部から失笑を買ったという。大元帥にして大殺人鬼がである。しかし、この涙は本当のものであったろう。ジルは、ヒトそのものの罪に気づいたのである。

法はヒトの本性までは、裁けない。

法は遅れ遅れて、ヒト社会の哀しき秩序を求めるのである。

だから、法とは〈裁く〉ものではなく、〈処する〉ものだ。ジルは大向こうの受けを狙う裁判批判などやらなかった。サドもである。

ヒトの自然の本性とは、それをそのまま、まったくフリーに発露させたら、ヒト社会全体の死や地球の死にも繋がるような恐ろしいものである。だからヒトは、法律というパンツをはいているのだ。涙を流したジルは、きっとそれに気がついたのである。

私は、泣いているジルの肩を抱いて、「よくよく気持ちはわかるぜ」と言ってやりたかった。「よしよし、今度は日本に生まれなよ」とも言ってやればよかった。え？　困る？　そうか。

第六章　道徳という名のパンツ

西欧。いい匂いのする腐敗物、香料入りの屍体。

「わかったつもり」が大切である

私はいまは法学者であり、人類学者だが、もともとは経済学者である。生産とか貨幣、交換とは何かということを研究してきた期間が最も長い。しかし、そこからたどり着いた結論は、実はそれらの経済的活動のすべてが、広い意味での人間社会の道徳や法またはその基本となるべき摂理を理解することによって、はじめて理解ができるということであった。

もともとエコノミーというのは、ギリシャ語である枠の中の自然の摂理、または理法という意味である。たとえば、エコノミー・オブ・ネイチャーは、自然界の理法のことを意味している。

エコはエコロジーのエコで、「共に」ということを表わし、ノミーとはノモス、すなわち基本の法という意味だ。だから、エコノミーは共通の基本法という意味であり、中国語の「経世済民」

を略して経済と訳したこと自体が誤訳だと、経済人類学は言っているわけである。たとえば、昨今、日米経済摩擦問題の論議がかまびすしいが、これを単純に「経済」の問題と考え、解決をはかろうとしても、決してうまくいかないだろう。

日本とアメリカの経済関係をもっとうまく運営するには、単なる数字上の推論や結論では、何も有益なことを言うことができないのだ。

アメリカ文化の根底に横たわり、今日のアメリカを作りあげ、つき動かしているものは何か。それはひと言でいうなら、「他人や他の集団の持つ価値観をまったく理解できない精神構造」である。しかも、そこにユダヤ人権力派の奉持する資金資本家（実質ユダヤ系だったレーニンが言った「金融」資本ではない。「金融」はほとんど関係ないのだ）が自由に振る舞えるような舞台を作った。それがあの奇妙な、国家がコントロールできない中央銀行制度（連邦準備制度）であり、グローバリズムの呼号となった。グローバリズムとは、ユダヤ資金資本家の都合の敷衍にすぎない。そこに、他者の価値観の粉砕が含まれているのである。

もともと、他人の価値観を理解するということは、同じ国民同士のあいだでさえ、きわめてむずかしいことである（それができたら、あなたもずいぶんこの世が住みやすくなるだろうし、女性にもいま以上にモテること間違いない）。ましてや、異質の文化を理解するなどということは、実際上不可能に近い。ただ、日本人にしても、イギリスやフランスやドイツなどの国民にしても、異文化に対して、「わかったつもり」になれるのだ。

たとえば、日本人は中国人に対して、ある共通したイメージを持っていた。中国人は信頼を裏切らないとか、大陸的な鷹揚《おうよう》な性格だとかいったものである。

ひとりの中国人にすら会ったことのない人でも、何を根拠にか、そう思っていた。文化大革命で発揮された残忍さとか、四人組裁判でむき出しになった憎悪の念などを目のあたりにしながらも、なおかついま言ったような中国人イメージは一九七〇年代までは変わらなかった。

これは、中国人の現実の姿とは一応関係なく、日本人が自らの幻想に基づいて作りあげた中国人像があるということ、それで安心できるということである。実際には、だからこそ安心できないと私は思っているが。

ことわっておくが、これはあくまで異質の文化を「わかったつもり」になっているのであって本当にわかっているかどうかには関係ない。関係ないけれども、実はこの「つもり」になれるところが大切なのだ。

ヒトは、相手が何かわけのわからない存在だと、恐怖や不安に駆られる。お化けの存在など信じていなくても、暗闇のなかにうごめく得体の知れない物を見たら、一瞬、物の怪《もののけ》や一反もめんではないかと戦慄するはずである。しかし、それが近所のネコだろうとか、若いカップルが睦《むつ》み合っているのだろうと思い込めば、それだけで恐怖や不安は消え去ってしまう。実際は、本当にお化けであってもだ。

世の多くの男性にとって「奥さん」というのはだいたいそのようなもので、ほとんどがふつうの女だと思っているが、実体はお化けのことが多いのだ。わが家も実は……。おう、こわ。

かくのごとく異質の文化を「わかったつもり」になっていることは、相手に対する不要な恐怖や不安を取り除く効果があるのである。もちろん、心理の深層には恐怖は残っているし、折あればすぐに噴出はするが、とりあえず表面上は安心する。

ところが、アメリカの場合、事情は違った。そのわかったつもりに、どうしてもなれないのである。というよりは、最初からわかろうとする努力がまるでできないともいえる。なぜなら、その努力自体も、均質な共同幻想があってこそ、はじめて可能なものだからである。

アメリカでは、そういう文化に支配されている結果として、異質の文化はいつまでたっても了解不能のものとして残り、その文化の担い手である人間に対して、底深い恐怖と不安を抱き続けることになった。

アメリカという国のでき方──「死ねバイ菌」の国

日本人のあいだでは、アメリカ人とは、フランクで陽気で、ビジネスライクで、というイメージが強い。これも先に述べたように、日本人の「わかったつもり」のひとつなのだが、この思い込みも、きわめて根強いものがある。

だからこそ、日米の貿易不均衡のトラブルに関して、アメリカ側がわがままとも思える強硬な主張をしてくると、なにか裏切られたかのごとくに、オロオロと狼狽《ろうばい》するのである。

だが、アメリカという国のでき方を考えてみると、アメリカ人がいかに他者を理解する能力に欠けざるをえなかったかがよくわかる。

アメリカは、そもそもヨーロッパにおける「食いつめ者」か、あるいは哀れな立場だった人びとが流れついて作った国家だった。その土台は、いまでもアメリカ南部に根強く残る、イギリス出身で白人のプロテスタント（ワスプという）にあることは確かだ。ワスプは、南北戦争に負けたとはいえ、いまでもアメリカの精神的中心である。私は、一年半あまり南部のひとつの中心、テネシー州ナッシュビルで暮らした。その報告は、『南部——地鳴りするアメリカ』（光文社）に記してある。

しかし、アメリカが英独仏などの西ヨーロッパからの人びとだけで作られた国というのはウソである。現実には一九世紀後半から二〇世紀にかけての、東ヨーロッパからの「難民」がひとつの中心になっている。

そして、それぞれの母国で圧迫された人間たちが、ヨーロッパ人のいない土地に入り込み、それぞれの勝手な幻想の旗を打ち振りながら、ここが自分の王国だ、と宣言したのである。

モルモン教徒のユタ王国でも、それ以前の西ヨーロッパからの移民だって、勝手な幻想の旗の振り手だということでは同じだ。そこに以前から住みついていたインディアンとオオカミと野牛を殺し、放逐したことは言うまでもない。

アメリカを旅行した日本人は、いつも奇妙な体験をさせられる。あるひとつの都市を出ると、広漠《こうばく》たる原野や砂漠があり、そのなかをハイウエイが貫いている。ハイウエイをどんどん車で飛ばしていくと、数十キロ、ときには数百キロ離れたところに、突如として別の都市が出現する。砂漠のど真ん中に作られたラスベガスなどという街は、まさにこの典型だろう。

こうした体験を、「ああ、アメリカは広いんだなあ」などという感想を抱くだけで終わらせてしまうのはもったいない。アメリカが広いから、都市と都市とのあいだが隔たっているのではない。なるべく他の集団と接したくないから、わざわざ隔てて都市を建設したのだ。

もし北アメリカ大陸がきわめて狭いところだったら、これらの都市を作った人びとは、都市の境界線に、高くて頑丈な城壁を築いたにちがいない。城壁の向こうにはヒトのかたちをしたバイ菌、ただそれだけがうごめいているのだ。「死ねバイ菌!」とつねに彼らは心の中で思っているのだ。

北アメリカ大陸にやってきたヨーロッパの食いつめ者たちは、それぞれ異なった文化、つまり価値観を持っていた。そして、それぞれの価値観に従って、めいめい勝手に自分たちの生活の場を建設した。その生活の場こそが、かつて不遇だった故国で夢みたような、自分が主人公として、永遠に平和に豊かに暮らせる王国であるべきものだった。

もとより、それは夢にすぎない。人間の生活がひとつの都市やコミュニティだけで完結するはずもない。けれどもこういう人たちにとって、他の集団に属する者は、すべて得体の知れぬ「よそ者」である。自分たちの理解を超えた鬼やお化けと同類である。

彼らが表面、明るくフランクに振る舞うのは、お化けと深くかかわり合いになりたくない気持ちの裏返しなのだ。目が合うとやたらウィンクしてみせるのは、あなたを本当は怖がっているからだ。知り合えて、すぐにパーティーに呼んでくれるのもそうだ。明るいからなのではなくて、怖がっているからなのだから、努力して怖くないと知らせてやらなければいけない。

そのような危険なモノとは触れたくないし、事実、アメリカの各地で作られたそれぞれの共同体は、広いがゆえに他者への理解を必要としないですませられたのだ。そんなところへ二、三週間ホームステイをしてきて、「アメリカはいい国ですね」などとほざく学生には、答案の出来にかかわらず、私は「不可」をつけることにしている。まだ世の中に出るには早い。できたら、ずっと出るな！

映画『イージー・ライダー』の結末は悲劇的である。奇妙なオートバイを乗り回し、マリファナにふける若い旅行者が、白昼の路上でまことに他愛なく射殺されてしまう。射殺した男は、ごくありふれた市民だし、殺された若者も、これといってその男と、男の属する共同体に（脱落者だったかもしれないが）害を及ぼしたわけではない。

だが、奇妙なオートバイとマリファナとは、ありふれた市民にとっては物《もの》の怪《け》の文化に見えた。その文化を持ち込んできた者は、危険な侵略者とみなされ、バイ菌か何かのようにあっさりと抹殺された。

われわれだって、体の中のバイ菌をそうして殺しているではないか。あるいは、神の慈愛にすがって、病気の父親の体の中にいるバイ菌の死を、十字を切りつつ祈っているではないか。

ただし、この映画は、若者たちの苦悩を描いていると同時に、ユダヤ資本系のハリウッドが、(一九七〇年代までは)自分たちの敵であった南部人をことさらに悪魔のように描いていることも指摘しておこう。

数字いじりでは、日米経済摩擦は解決できない

かくして、広いアメリカの各地に、てんでんばらばらに共同体を作ったアメリカ人たちは、経済上の必要性から州としてまとまり、さらに合衆国という国家としてまとまった。しかし、まとまったとはいうものの、根本はあくまでてんでんばらばらである。日本人なら、よほどの例外を除けば、いつでも、どこでも「自分は日本人だ」ということを意識できる。

その点、アメリカ人は逆だ。まず△△市や□□町の住民であり、××クラブに所属しており、職業は技師とか機械工で、たまたまいまは何々市の☆☆会社から給料を受け取っており、となって、なかなか州やアメリカ合衆国の一員であることが意識にのぼってこない。

日本人なら、どの日本人もどこかで血のつながっている血縁集団だという幻想で統合されているが、アメリカ人には、共通して国民を統合する幻想がないのである。

そこで国民を統合しうる幻想として持ち出されてきたのが、ニューヨークの摩天楼であり、世界一を誇った自動車産業であり、開拓時代の騎兵隊のユニフォームだった。

しかも、それだとて、GIが外国の基地に駐屯したり、ベルリンの酒場の女とつるんだりする行為を通じて、やっと摩天楼が意味をなしたのである。国にいればまったくアメリカを実感していなかったイモ掘り息子が、ベルリンではGIとしてアメリカを「感じる」ことができたというわけだ。

ニューヨークの摩天楼は、石油危機の真っただ中でさえ、夜はすべての窓という窓に電灯をともして燦然《さんぜん》と輝いていた。省エネルギーなど、どこ吹く風である。また、アメリカ人は、経済危機やイラン問題に直面して揺らぎはじめたアメリカの威信を回復するために、躊躇《ちゅうちょ》なく西部劇スター上がりのレーガンを大統領に選んだ。

そんな折も折、石油危機のあおりを受けて、アメリカ自動車産業の屋台骨を背負ってきた大型車が売れなくなった。街には失業者があふれ出し、その失業者を尻目に、日本やヨーロッパ製の小型車が走り回る。そこで悪役にされたのが、東洋の黄色人種日本人である。

あのニヤニヤした薄笑いの仮面の下で、何を考え、何をたくらんでいるのかわからない日本人、それは得体の知れない妖怪のようにアメリカ人をおびえさせている。彼らの描く日本人像は、たいていフーマンチュー（イギリスのSF映画に出てくる東洋人の科学者。邪悪な研究で人類に挑戦し、最後には滅ぼされてしまう、なぜか純粋に邪悪だけを追求する男）そっくりであって、目は小さく、必要以上につり上がっている。ヨーロッパの小型車に対する風当たりが、日本車に対するのにくらべて比較にならぬほど弱いのもこのためだ。

だって、アメリカから見れば、ヨーロッパは日本よりはるかにわかりやすい存在なのである。もし、日本がこのままアメリカをおびえさせ続けたら、それは逆に日本にとって手痛い報復となって返ってくるにちがいない——この本の初版は一九八〇年代初頭に書いたが，八〇年代なかばにみごとに予言があたってしまった。理不尽な日米構造協議のアメリカの要求というやつである。イヌが人間を噛《か》むのは、恐怖に駆られたときである。その恐怖心は、唸り声や逆立てた背中の毛や、鼻の頭に寄せたシワなどで表現される。人間がこの恐怖の表現を読みとらず、頭をなぜてやろうなどと手を出せば、それこそガブリとやられるだろう。

アメリカは一九八〇年代、怪人フーマンチュー的文化を背負い、小型車というかたちで侵入してくる日本や韓国という名のバイ菌におびえていた。

アメリカという国は、その成立の過程からして、異質な文化を理解できないし、理解したつもりにもなれない国であること。つまり、そのような文化を持った国だということ。そしてそれが、経済活動をも含めたアメリカ人の行動を、根深いところから規定しているということ。したがって、日本車の輸出に関するトラブルの解決にあたっては、こうしたアメリカ人の行動を律している文化をよく見きわめ、とくに、相手にとって単純明快でわかりやすい態度を意識的にとること。

それをせずに、輸出を何パーセント削減すればアメリカは納得するかというような姑息な努力は、水の泡となるだろうということ。だから、私に言わせれば、逆に輸出を増やしつつ、うまくアメリカ人を説得する道だってあるはずだということになる。

基本的な道徳とは何か

そこで、この章では以上のことを踏まえて、人間にとって基本的な道徳とは何なのか、ということを明らかにしていきたい。

私は前章で道徳と法は、根源的には同じものだということを述べたが、実は法という言葉は、ふつうは文章化された法律、つまり成文法という意味で用いられている。「法に照らして裁く」とか、「法の名において罰を与える」などというときの法とは、ふつうは六法全書に記されている民法第何条とか刑法第何条何項のことだ。

これに対して、私たちは文章化されていない法律、つまり、文章化などされていなくても、だれもがしてはいけないこととして認めている道徳とかタブーを持っている。

身近な例をあげれば、暴力を振るってはいけないとか、他人の女房に手を出すなとかいったたぐいのものである。もちろん、こういう道徳は、年がら年中破られてはいるが、大多数の人間にとっては、従うべきものであるという承認が与えられている。この種の道徳を、集団的規範などと呼ぶこともあるが、名前はどうであれ、個人や集団の行動を律するものであることに変わりはない。

このような道徳とかタブーに似たものは、サルの社会にもある。日本モンキーセンターの河合雅雄所長が、『森林がサルを生んだ』という本の中で次のような興味深いことを書いておられる。霊長類研究所のある犬山市の大平山というところに、屋久島産のニホンザルの群れが放された。ところが、放されたサルたちは、とたんに食糧飢饉《ききん》に見舞われた。三月下旬のことで、山の木木の新芽が出はじめていたが、それを食べればよいということを知らなかったのだ。やむなく、わずかなコケなどで飢えをしのいでいたが、そこに不運にも雪が降った。サルたちは、哀れにも空腹と寒さでばたばたと死んでいった。

いっぽう、幸島のニホンザルの群れで観察された例は、少々趣を異にしていた。幸島のニホンザルといえば、まえに紹介した「イモ洗い」の文化で有名である。イモを洗えば文化だというわけではないが、一頭の若いサルが、泥のついたイモを海水で洗って食べたのをきっかけに、イモを洗って食べるという文化が、群れのなかに広まり、世代から世代へと受け継がれたのである。

この幸島の群れに、「アカキン」という名をつけられたボスザルがいた。デカキンではない、アカキン。彼は十数年ボスとしてがんばっていたが、寄る年波には勝てず、盲目となり、体も弱って、群れの行動についていけなくなった。サルの国には老人ホームなどはないから、こうなると一頭でポツンと暮らすことになる。

哀れなアカキンが、餌をとれずに間もなく飢え死にするだろうことは、だれの目にも明らかなように見えた。ところが、群れのボスだったころには、自分自身はもちろん、群れの他のサルた

ち も絶対に食べようとしなかったもの、たとえば人間の弁当の食べ残しやラーメンの残りなどを食べるようになったのである。

これは驚くべきことだった。ふつう、サルは高齢になるほど保守的になり、新しいものなどには手を出さないそうである。イモ洗いも、老いたサルはなかなかやらなかったという。このへんは、人間もよく似ている。が、アカキンはそうではなかったのだ。

大平山のサルたちは新しい食物を食べずに餓死し、幸島のアカキンは独自に食糧を「開発」した。この違いは何によるものだろうか。

河合さんの説明によればこうである。大平山のサルたちは、群れであったがゆえに、群れのなかに存在していた食物文化に強く縛られていた。それは、食物に関するタブーに基づくものといってもよい。これに対して幸島のアカキンは、群れから離れたために、群れの食物文化からも自由になった。

「だから、大平山の例でも、一頭だけで放されたならば、生き延びることができたのではないだろうか」

と河合さんは述べている。これはおもしろい。道徳とは、このような集団性を確保するものだと言っていいだろう。

近親相姦《そうかん》は、なぜタブーになったか

さて、人間の社会には、私の考えによればふたつの大きな基本的なタブーがある。それは近親相姦の禁止と食人（人間の肉を食べること）の禁止である。

近親相姦のタブーは、岸田秀氏も指摘しているように、きわめて強いタブーである。

他のタブーのように、やってはみたいが、あとが怖いからしないでおく、といったものとは、わけが違う。実行はおろか、空想することさえ、ある種の罪の意識にとらわれるのがふつうではないか。そして、たまたまそのような夢を見たりすると、深いショックを受けるものだ。

なぜ、近親相姦のタブーは、かくも強烈なのか。このことについては、いままでに多くの議論が生まれた。

なかでも、長いあいだ信じられてきた「科学的」な説明は、近親間で子どもを作ると、劣等な子どもができる、というものだ。長い進化の過程で、ヒトはそのことを「知った」から、近親間の性交をタブーとしたというわけである。

たしかに、近親交配によって、劣性遺伝病が発生する確率がやや高くなるというデータも、あることはある。しかし、それが種全体の存在を危うくするような頻度《ひんど》で出現するとは、はっきりは言えない。

しかも、重大なことは、もしそれが事実だとしても、ではそのような生物学的なマイナス面を、ヒトはどのようにして「知った」のか、説明がつけられないではないか。

ちなみに、劣性遺伝病の生まれる率は、他人婚の場合、五パーセント、いとこ婚七パーセント、おじ・めい交配九パーセント、親子または兄妹交配で一三パーセントと言われている。また、劣性遺伝病の一例として、全身白子の発生率を見ると、他人婚が四万人に一人、いとこ婚が三〇〇〇人に一人、親子または兄妹交配で七八〇人に一人である。

この数字だけを見ると、近親交配は、劣性遺伝病の発生率が高いとは言える。しかし、五パーセントと一三パーセントの差は、現実の社会では直接目に見えてくるほどのものではない。

しかも、当たり前だが重要なことは、このデータが、現実に性交が行なわれた結果の数字だということである。

つまり、親子交配や兄妹交配を、この現実の社会においていったいどのような社会的、精神的な状態の人がやって、このような数字が出たのか、ということだ。ふつうの人が、医学データに協力するために親子でやった数字ではないのだ。このことについては、実は近親相姦をすることになる両親自体が、すでに社会的、精神的な劣者としての問題をかかえており、その結果が数字となって現われる、という指摘がなされている。だから、劣性遺伝病が、純粋に近親姦という生物学上の理由だけから生まれるとは判定しにくいのである。

では、自然界の生物に見られる圧倒的多数の近親相姦は、どう説明したらいいのか。まさか、彼らは愚かだから、そういうことを知らなかったのだ、ではすまされないだろう。近親交配が種にとってマイナスなら、当然、平気でそれを行なっている種は絶滅していると考えられるわけだが、もちろん、そんなことはない。全盛期のアケネメス朝ペルシャでは、貴い血は濃くなるほうがいいと言って、王侯貴族はむしろ意識的に近親婚を行なっていた。それによって国が亡んだということはないのは明らかである。

これとは違って、オーストリアの精神分析学者フロイトが提示した理論は、かなり私たちを納得させてくれるものがある。

男の子が、最初に接する異性である自分の母親と交わりたいと思っても、それには家族内の異性をすべて独占する邪魔者＝父親を殺さなければならない。そして、ついにヒトは歴史の出発点において父を殺して、禁断の果実、同一家族内の異性を食べたのである。おいしかったらしい。これを、原父殺害の神話という。

つまり、フロイトによれば、その原罪の意識が母親に対する性衝動を抑えることになる。そして、その結果として、嫉妬による家庭の崩壊、ひいては社会全体の秩序の崩壊を防ぐが、同時にそのことが神経症をも生み出す、というものである。

もともと、フロイトは人間をつき動かす原動力として「リビドー」と呼ぶ基礎的性衝動を想定し、これによって人間の精神と肉体の活動を説明しようとした。

けれども、私たち人間は、すぐれて性的な存在ではあるが、それだけの存在でないことは言を要しないだろう。そのため、ユング心理学の祖カール・グスタフ・ユングがフロイトとたもとを分かったのであった。

けれども、フロイトの偉大さのひとつは、性の力を野獣的なものとさげすみ、故意に無視しようとした時代のなかで、敢然とこの問題と取り組んだことにあるのだ。

フランスの文化人類学者レヴィ＝ストロースは、別の観点からこれを説明する。

すなわち、ひとつの家族は、他の家族と連帯し、ひとつの部族は他の部族と連帯することによって、いうなれば相互の安全保障のようなことを行なう。その場合の絆《きずな》となったのが女性で、身内の女性は、家族外、部族外の男性と性的に結合する必要があった。

いわば女性は、ある意味で交換のために存在するのであり、だから、身内の女性には手を出してはならず、兄弟姉妹をはじめ、血族内における性をタブーとしたというのである。「自分の商品に手をつけるな」の鉄則みたいなものだ。

けれども、この理論にも不十分なところがある。たしかに、父―娘、兄弟―姉妹間の性は、タブー化することはできても、なぜ母子間もタブーになったのか、説明がつかない。

それから、なぜ女だけが交換に駆りだされて、男ではないのかということもだ。性的な行為をやるだけやって、結婚はまったく別の話と割り切ってもすむような気もする。

いずれにしても、レヴィ＝ストロースは、人間の社会や社会的行為に対する女の位置とか、はたして女はやはり人間であるのかという深い問題にもうひとつ答えていない。もっとも、ご本人はかなり女性の魅力を理解していて、不言実行していた人だが。

肉親同士の絆《きずな》があればこそ

カナダ出身の社会学者L・タイガー博士と、イギリス出身の生物学者R・フォックス博士のコンビは、示唆に富む次のような見解を出している（トラ博士とキツネ博士というのは、いかにも語呂合わせ的で、最初は冗談かと思ったが、ふたりとも本名であった）。

タイガーとフォックスによれば、アメリカのクロー・インディアンの戦士たちは、出陣の前夜に野営のかがり火を囲む。

そこでは、一人ひとりの戦士たちが、前回の出陣から今日まで、自分が交わった女の名を、包み隠さず告白しなければならない。そのなかには、他の戦士の妻の名もあれば、恋人の名もある。だが、自分の妻や恋人の名をあげられた戦士は、嫉妬に駆られて相手に殴りかかる、などということはしない。この出陣の儀式の席で、いっさいは水に流される。

近代人はそうはいかない。心中ひそかに、「この野郎、白兵戦の最中に、後ろから急所を斬りとってやろう」と決意しなければならないからだ。

なぜ、こんな告白をするのか。それは男同士の絆を確固たるものにするためだ。

死を賭《と》して戦う戦場にあっては、男女の愛の絆より、男同士の団結の絆が優先される。そのためには、情事をすべて告白し、それを聖なる儀式によっていっさい清算するのである。この瞬間から、男女の絆に代わって、男同士の絆が生まれるわけだ。

また、イスラエルのキブツでは、七歳から一〇歳の子どもたちが、親から離され、保育園に入れられる。子どもたちは、共に食事をし、遊び、学び、そして共に眠る。キブツの指導者は、将来この子どもたちが成人した暁には、お互いにこのなかから配偶者を見つけ、理想的な家庭と国家を建設する礎《いしずえ》となることを期待している。

しかし、現実はそうはいかなかった。キブツの保育園で育った青年男女は、身近なところよりも、遠くの異性を配偶者にしたがったという。これは、一種の近親相姦のタブーの出現なのであった。タイガーとフォックスは、こうした事例から、人間にとってはおそらく、一種類以上の重要な絆を持つのはむずかしいのではないか、と言う。

ひとつの絆は、他の絆を驚くべき力で排除しているように見えるのだ。クロー・インディアンは、男同士の絆を強化するために、男女の絆を締め出す。キブツ出身の男女は、裏も表も知り合った、幼馴染《なじ》みの友情の絆で結ばれているために、恋人同士という新たな絆が入り込みにくいのである。たびたび引用するが、岸田秀氏は、母子相姦のタブーが破られにくい理由を、次のように説明している。

すなわち、人間はだれでも、自己の存在を他人のなかに見出すしか方法がない。母にとっての自分、兄弟姉妹にとっての自分、恋人にとっての自分……と、無限の関係の網の目に繋がれて、ようやく「自分」が何者であるかを認識することができる。

このような人と人との関係の基点になっているのが、とりもなおさず母にとって息子である自分だ。母―息子という関係を頼りに、息子は父や兄弟姉妹へ、さらに外側の人へと関係を広げていく。

ところが、母と息子が性行為をするということは、母―息子の関係が崩壊し、単なる女―男の関係になってしまうということだ。このことによって、自分が作りあげてきた自己認識の体系も同時に崩壊する。

それは、自己が生きる世界を喪失することでもある。この喪失の恐怖が、母子姦を忌避させるのだ、という。この岸田氏の見解は、先のタイガーとフォックスの結論を支持するものではないかと思われる。

ただし、これはいわゆるふつうのレベルの話であって、ある種のもっと強烈な感情が生まれ、強くて深い関係が生まれる可能性のあることを私は否定しない。タイガーとフォックスの見解は、ある意味で単なる正論であるような気もしている。

選びたいことを選びとった人類

ヒトは、森林から離れてアフリカのサバンナを生活の場とし、共同して獣を狩る肉食獣となった。その間に、二足歩行とか火や道具の使用を覚え、大脳を大きくさせた。やがて種の維持にとっては必要以上のものを生産し、それを蕩尽、破壊することを、生活のスタイルとして身につけた。もしかすると、はじめからそのために森林の樹上生活をやめて木から降りてきたのかもしれない。これらの一連の出来事は、すべてヒトが、ヒトという種として選択したことである。その結果、ヒトのある部分は、近代社会を作りあげ、神経症や戦争などの、愚かしくも哀しい現実をも生み出している。

では、ヒトという種に、このような選択をさせたものは何だったのだろうか。それは、ダーウィンの自然淘汰《とうた》説だけでは説明がつかないように思える。ダーウィンの考えでは、ひとつの種といえども、個体によってそれぞれ非常に微妙な違いがあり、そのなかから自然の環境により適したものが繁栄して種を形づくっていったということになる。

しかし、進化という現象は、そんなふうに「合理的」であろうか。東南アジアに、セイランというキジの一種がいる。この鳥のメスは、オスが広げた翼に輝く斑点《はんてん》に反応して交尾の姿勢をとる。いきおい、大きくて立派な翼を持ったセイランのオスは、より多くのメスを引きつけることができる（モノこそ違え、なにやらヒトの世界に似てなくもないですな）。

いきおい、子孫のセイランの翼はしだいに大きくなっていき、ついには空を飛ぶことすらできなくなってしまった。飛べないくらい大きな翼を持ってしまったセイランがメスを引きつけたのである。おかげでセイランはみんな大きすぎる翼を持ってしまった。ために、イヌやイタチなどの捕食獣にどんどん食われる結果を招いたという。子孫を残さんがためのオスの大きな翼が、かえって種の維持の邪魔になってしまうということの進化を、「合理的」だと言えるだろうか。

これは、ヒトについても当てはまる。ヒトは進化した結果、この本の最初に述べたような愚行の数々を働くに至った。これをもって、合理的と言えるだろうか。

もちろん私は、社会のあり方の変化と、生物的進化を混同するつもりはない。しかし、私たちが今日そのなかで生きている近代社会といえども、ヒトの生物的進化を土台にしていることは言うまでもない。

また、ある自然環境に最もよく適したものが繁栄するというなら、たとえばアフリカのサバンナには、一種の完全なる草食獣と、一種の完全なる肉食獣だけがいるのが合理的ではないか。

だが、現実はキリンあり、シマウマあり、ヌーやガゼルのたぐいあり、ライオン、リカオン、ハイエナ、ジャッカルなどがありだ。人間さえ干渉しなければ、それぞれ立派に繁栄できるのである。

今西錦司博士の「棲《す》み分け論」も、こうしたところから出てきたのだと、私は理解している。

キリンはキリン、シマウマはシマウマで、それぞれの環境を「自主的」に選んで、そこに適するように自己を進化させた。けれども、ヒトが極北の地から熱帯まで、どこにでも適応できるということは、ヒトは、棲み分けの掟を破った狂気の種である、とも言えるのだ。

もう一度言おう。キリンはキリンで、シマウマはシマウマで、それぞれの進化の方向を、種の意志として選びとった。みんなで、いっせのせで首を長くし、縞模様をつけようと「決めた」のだ。

ヒトもまたヒトという種の意志として、さまざまなものを選びとり、そのなかには近親相姦はしないということが入っていたのである。

そしておそらく、そのような生物的な基盤の上に、ヒト特有の父母と子の関係を持ったのではないか。はじめに家族ができ、共同体ができ、それらのなかの秩序や安全のために近親相姦のタブーが作られたのではないのである。

しかし、その家族制度は流動的で、つねに変化している。いま現在も、近代からポスト近代のそれへと変化していく途中なのである。

それでも、近親姦《かん》が実在する理由

ところで、「近親相姦は、したくないからしないのだ」という主張に対して、いろいろな反論があることは重々承知している。

たとえば、それならなぜ古代エジプトの王は、自分の姉妹を妻としなければならなかったのか。アケメネス朝ペルシアの王族はフワエートゥワダサ婚といって、近親結婚をむしろ推奨されていた。聖なる血がより濃くなるほうがいいという理由があったからだ。

『日本書紀』に見える允恭《いんぎょう》天皇の子である木梨軽《きなしのかるの》皇子《みこ》と、妹の軽大娘《かるのおおいらつめの》皇女《みこ》が情を通じ合ったではないか。はたまた、今日でも近親相姦が跡を絶たないこと、週刊誌やテレビなどの人生相談を見ればうんざりするほどではないか。

また、最近になって、とりわけ母子相姦が多くなっている。だが、比較的マスコミなどに登場して表面化する機会が多くなった、というだけにすぎないと思う。このテの基本的タブーは、それほどたやすくは壊れるはずがないのである。逆に言えば、昔からつねに多少は破られていたと考えるべきだろう。ただ、情報がオープンになっただけなのである。

歴史上の問題、あるいは文学芸術に表現された近親相姦については、若干事情が違う。たしかに、歴史的に見ると、エジプトやインカやペルシャの王のごとく、近親婚を義務とされた例は少なくない。これは、この本の第二章で述べたように、王とか高級貴族は、非日常的な聖なる時間に生きるよう義務づけられていたことによる。

神話のなかの神々は、きわめて近親相姦的だ。その神の子や神の使いである王、それを取りまく貴族もまた、聖なる存在として近親姦をしなければならないのである。それが、彼らの「労働」であるからだ。

文学芸術のなかの近親姦も同じだ。澁澤龍彥氏が喝破しているがごとく、文学芸術は、日常性、現実性、それに伴う法や倫理を逆転し、そこに聖なる世界を現出せんとするものである。澁澤氏はこれを、「毒」と表現された。

毒のないポルノは無罪であり、毒のあるポルノが、現実的社会から見れば有罪であるのは、前章で述べたように、当たり前なのである。

文学芸術に繰り返し持ち出される近親姦の主題は、現実ではなかなか起こりえないことを起こしてみせ、それによって、読む者や見る者を、一瞬の聖なる世界に遊ばせてくれるためにある。そこに描かれた世界が、甘美で神秘的で恐ろしいものであればあるほど、その世界を享受する側の現実の生活は、より強く近親姦のタブーに縛られているとも言えよう。

以上のことを、簡単にまとめてみよう。人を殺すな、暴力を振るうな、この芝生に入るな式の道徳や倫理は、いわば外側から人間とその社会に押しつけられ、貼りつけられたものであること。したがって、これらの道徳や倫理は、比較的逆転されやすいこと。つまり、パンツとしては、わりに脱ぎやすいパンツだと言うことができる。

これに対し、近親相姦のタブーは、もっとヒトの奥深いところに根拠を持っており、逆転されにくいこと。つまり、パンツとしてはきわめて脱ぎにくい。そして、次に考える食人のタブーも、同じくきわめて脱ぎにくいパンツなのである。しかし、絶対に脱げないわけではないことを忘れてはいけない。

ヒトを食わない話

ライオン用のレストランがあるとしよう。そこで用意されているメニューは、おそらく一〇品を大きく上回ることはあるまい。街なかにざらにある、ヒト用のラーメン屋のメニューのほうが、はるかに豪華絢爛である。一流のフランス料理店や中国料理店のメニューともなれば、何十ページにも及ぶ。

ヒトは、ヒョウが食うサルの脳みそから、ネズミが食うカタツムリまで、コウモリが食うカの目玉から、カリウドバチの幼虫が食うアオムシまで、およそ何でも食う（アフリカのある部族では、イモムシを木の葉に包んで蒸し焼きにして食べる）。

昆虫も含めて、ヒト以外の動物が食っているもののなかから、ヒトだけが食わないものをさがすのは、たいへん困難だ。

いくつあげられるか、それともまったくないか、あなたも考えてみてはいかがでしょう。反対に、ヒトは食うが、他の動物は決して食わないものをあげるのは、きわめてやさしい。

しかし、地球上どこに行っても、ヒトのメニューにのぼらない一品がある。それが、すなわちヒト自身だ。

もっともこれは、ふだん用のヒトのメニューの話で、祝祭用の特別メニューには、とっておきの酒や麻薬と並んで、ヒトが加えられることがある。未開社会の一部では、狩りや戦争で死んだ勇士を弔《とむら》う儀式で、その勇士の肉を食うことがある。そうすると、死んだ勇士と同じように強く勇敢になれると信じているからである。

また、キリスト教の聖餐《せいさん》式に用いられる、イースト菌ぬきのパンと赤ワインは、キリストの肉と血の象徴とされている。これなども、祝祭において人肉が食われた名残である。だからキザな司祭が「おれはバーガンディしか飲まんのよ」などと言って、勝手に白ワインに変更することはできない。

こうした特別メニューは別として、人間のふだん用メニューにヒト自身がないということは、きわめて重要である。

なぜなら、人間はその気になれば、人肉を食うことができるからだ。シチューか何かに煮こんで、「これ、ウルトラニホンカモシカ（そんなものがいるか！）の肉ですけど、ちょいとイケるでしょう」などと言って出されたら、「ほう、なかなかのもんじゃないですか」てなことを言って、したり顔で食ってしまうにちがいない。

アンデス山中に墜落した旅客機の生存者も、熱帯のジャングルをはいずり回らされた日本兵も、切羽つまれば仲間の肉を食った。アンデスでは、娘が神に祈りつつ父親の肉を食ったという。

けれども、ふだんの人間は、決して人肉を食わない。食わないのではなく、食えないのだ。荒川土手のラーメン屋が、切り落としたヒトの手首の処理にことかいて、こともあろうにラーメン・スープのダシにしていたという手首ラーメンの事件を聞いた人は、だれしも一様に、胃のあたりにむかむかくる不快感を自覚したはずである。その日に、近くの他の店で正常なラーメンを食った人はもとより、ステーキやざるそばを食った人も、だ。

この、人間はヒトの肉を食えるけれども食えない、ということは、食人のタブーの強さをまざまざと物語っている。

強姦もタブーではあるが、大多数の男性にとっては、「でも、実際はどうやるんだろう」という好奇心の対象であることも確かだ。強姦のタブーは、食人のタブーとは比較にならないほど弱い。だから、強姦は頻発しても、食人はまず絶対的に起こらない。

そのことが、結果として人間社会の秩序の維持に役立った。もし、食人が強姦と同じ程度に行なわれたら、人間は社会を作ることはできなかったはずである。

なぜヒトはヒトを食わなくなったか。それは、近親相姦のタブーと同じく、ヒトが種としてこの道を選択したからである。ヒトの内なる知恵が、食人を拒否したのだ。そのような生物的存在の基盤のうえに、ヒトは社会を、家庭を作ることが可能だった。

だから、もしも「第一章第一条　ヒトはヒトの肉を食うべからず」などという法律があったら、それはまさしく人を食った話だと言わねばならない。

第七章　すべては「内なる知」によって決められるべきだ

六十歳に及んで知ったことを、私は二十《はたち》のころ早くも充分に知っていた。四十年という、この長々しい、なくもがなの検証の歳月……。

ヒトの行動を解明したポランニー兄弟

私は、この本の中で一貫して生物としてのヒトの行動について述べてきた。

その根拠となった考え方は、私がこれまで研究をしてきたハンガリー出身の経済人類学者カール・ポランニーの理論に基づくものであり、さらに、その弟で、有名な物理学者、生化学者、そして科学哲学者でもあるマイケル・ポランニーの理論に依拠している。

そこで、この章では、ポランニー兄弟の理論を紹介し、そこに私自身の考え方もつけ加えて、この本のまとめに代えることにしよう。

ポランニー兄弟は、哲学者としてのエルンスト・マッハから多大な影響を受け、研究分野は、法律や経済のみならず、物理学、生物学等、実に多岐に及んだ。そして、そのいずれもが革命的であった。彼らは、マッハから物理学を継承したアインシュタインとは、いわば学問上の従兄弟同士の関係にあった人たちである。

ご存じのように、アインシュタインの相対性理論は、発表されてから長いこと理解されなかったが、たとえば、結果としては非常に困ったことになったが、原子爆弾を作るのに具体的に応用できたのをはじめとして、多くの否応なしの証明手段をつきつけて、その偉大さが認められることになった。

これに対して、ポランニー兄弟の理論は、人間の社会についての研究であり、原子爆弾のような具体的な証明手段がなかったために、なかなか理解されることはなかった。

しかし、この本でいままで明らかにしたように、彼らの理論は、いまや社会現象のほとんどすべてのものを説明し、人間社会の現象とアインシュタインの相対性理論とを繋ぐ思考として、大きな注目を浴びつつある。あるいは、彼らの理論は、アインシュタインと栗本慎一郎を繋ぐ思想と言ってもいいだろう。

そもそも、マイケル・ポランニー自身、高名な物理学者であり、アインシュタインが、一六歳のときに、すでに相対性理論を発見していた、ということを証明して話題になった人物でもある。

彼の科学哲学は、科学はいかにして発達し、その結果として、近代社会はいかにしてねじ曲がってしまったのか、ということを明らかにした。

私は、この考え方に立って、この本をできるだけわかりやすく書いてきたつもりである。はっきり言えば、最高の科学というものは、こむずかしい前提的議論や、長い訓練を経なければわからない、というものであってはおかしいのだ。われわれ人間は、それを最初から理解する力を有している。近代社会の発展はそれをむしろ抑えるように動いてきただけなのである。マイケル・ポランニーの科学哲学は、そのようなことを言っているのである。

生物は機械か？

近年、生物学の研究が進むにつれて、生物体は機械であるという考え方が明らかにされるようになった。生物のあらゆる行動は、遺伝子にあらかじめ組み込まれた命令によって決定されるという考え方である。

このような考え方に立てば、現在の生物学のレベルでは、生命体のすべての物質的要素は明らかではないが、それが明確になる日が来れば、生命の謎のすべては明らかになる、という発想が成り立つ。

また、すでにわかっている範囲の知識だけでも、遺伝子の組み替えや、新しい生命を作りだすことは可能であるし、科学的に許されることだという考え方も顕著になっている。

しかし、いっぽうでは、そう言いきってしまうことに対する根本的な危惧《きぐ》も表われている。人気SF作家、半村良《はんむらりょう》氏の作品を読むと、地球上の邪悪さは、神ないし人間が、進化の法則に介入してしまったことに原因があり、多くの大宗教が持ち上げている神というものに対して、根本的な批判を投げかけていて、この点が文学史上ユニークなものとなっている。

このような賛否両論の渦《うず》の中で、それでも多くの科学者は、悪性の遺伝子を駆逐し、良性の遺伝子のみを合成して、新しいより良き生命を創出することに意欲を燃やしている。彼らの発想の根源には、あらゆる生命体は、最終的には物質に分解でき、高度な機械として理解できるという考え方が存在するのである。

歴史的に見れば、このような考え方はかなり古くからあったが、近くはコンラート・ローレンツの業績によって拍車がかけられたと言っていいだろう。しかし、彼自身は、必ずしも生物の行動が遺伝的に決定されることを一面的に強調しているわけではない。彼はその当時の大勢、すなわち、人間存在を神秘的に見ようとする考え方に反対して、生物はかなりの部分において、物理学的、生化学的に定められている要素がある、ということを強調したのである。

たとえば、人間には他の動物と同じように、遺伝的にプログラムされた攻撃性があり、その存在を無視して、道徳やモラルを外側から押しつけても、戦争や殺戮《さつりく》はなくならない、ということを明らかにしたのだ。このことの当否は、第一章で述べたことからすでに明らかだろう。

以上の考え方をまとめると、ヒトは間違いなく生物であり、そして生物は間違いなく物理的な要素を持っている、ということになる。

しかし、生物は機械ではない。というよりも、実はなんと、いわゆる機械そのものも、単なる物体ではないのである。

これは、アーサー・ケストラーというポランニー兄弟と知人であった、同じブダペスト出身の科学哲学者が『機械の中の幽霊』という本の中で明らかにしたことである。彼の説を紹介しよう。

機械は、物理学や化学の法則に支配されるものを材料として用いている。しかし、いったんできあがった機械は、独自の作動原理を持ち、独自の目的的な性格を持つようになる。

もちろん、機械の作動原理のなかには、ある棒に力学的な限界を超えた圧力を加えれば折れる、ということや、ある物質を腐食させるような薬品をかければ、機械の一部が損壊されるということも含まれている。

しかし、機械の作動原理は、機械の素材の物理的性質の上位に存在するものである。言いかえれば、これは、機械の材料が物理学的、化学的にはパーフェクトの状態にあっても、機械そのものの作動原理がうまく働かなくなることがある、ということを意味しているのだ。

つまり、こういうことだ。機械は故障したり、最後には損壊したりする。その理由としては、物理学的、化学的な要因に基づく場合もあるが、多くは、作動原理がうまくいかなくなることによって起きる。機械自らが、作動原理を拒否することによって起きるのである。ここで、材料自体の原理は下位の原理であり、それを統合する上位の原理が作動原理であるということだ。

このような発想は古くからあった。機械や、あるいは人形のような物体の中には、一種の霊的なものが宿っている、という考え方である。

ピアノがひとりでに鳴り出したり、夜中に人形が涙を流す、などといった恐怖映画のストーリーは、このような感じ方が基礎になっている。

すなわち、機械は、物理学的、化学的な素材で作られるが、機械として形成されたときには、極端な言い方をすれば、そこに一種の（初歩的ながら）感情のようなものが存在するようになるということである。

そして、物理学的、化学的にはパーフェクトな状態であっても、いっぽうの機械はうまく作動し、もういっぽうはうまく作動しない、といったことも起こってくるのだ。

同じ生産ライン、同じ工程で作られた自動車に、出来、不出来に大きな差が出てしまうことがあるのも、このためである。実際にはまったく同じ設計図と材料を用いて作られるドイツ車が、ドイツでの組み立てなのかブラジルでの組み立てなのかによって大きく違う走りをするとまじめに考える自動車評論家が厳然と存在するのである。実際に機械を扱っている人ならば、このようなことはみな実感として知っているはずである。

以上がアーサー・ケストラーの説だが、これは、まさにマイケル・ポランニーの理論と一致している。すなわち、機械は単なる物体ではなく、それに人為的に上位の次元を組み込むことにより、物理学的、化学的な要因に形取り（shaping）を加えてできあがるのである。下位の次元を形取るのが上位だ。私は、これを「層の理論」と呼ぶことにする。

つまり、こういうことだ。機械は、その基礎においては、物理学的、化学的な法則に従う材料を用いている。ところが、いったんできあがった機械には、その物理学的、化学的な全要因、全法則をどこかで制御し、形取るような上位の原理が働くようになる。

上位の原理が、下位の原理に周縁性を与えるのである。周縁性とは、境界を作り出すものであり、それによって形取りがされるわけである。

「層の理論」が、ヒトの進化を解明する

話がやや長くなったが、実は、生物の進化も、このような下位の法則がしだいに上位の法則へとせばめられていくプロセスであり、現時点での最終的な最高法則が、人間の存在ということになる。そして、人間は、感情を持ち、道徳を求め、哲学を考える。

マイケル・ポランニーが、感情、道徳、哲学などといったものは、広い意味での生物学のなかで語らなければならない、と主張する理由はここにある。

しかしまた、感情や道徳や哲学は、間違いなく下位の次元にある物理学的、化学的な要因の制御をも受けているのである。この意味で、ローレンツの学説もまた、顧みられる必要があるわけだ。

だから、これまでの学説で、生物を機械だと考えたり、またはそれに対する単純な反発から、生物を機械的に考えてはならないときめつけたりするのは、いずれも誤りだということになる。

生物は機械そのものではないが、機械的な原則に基づいていることは確かである。そして、その機械的な原則は、より上位の原則によって形取りをされ、支配、制御されているのである。

だから、生物もその作動原理を考える場合には、下位法則から上位法則へと、幾重にも重ね合わされた階段的ピラミッドとして考えたほうが、より正しく理解することができる。

ただし、ピラミッドの内部は、空洞になっており、空気は上から下へ、下から上へと相互に流動している。

だから、ヒトにとって最上位の道徳や哲学的思考をつかさどる層でさえも、最下層のアミーバ的部分と決して無関係ではない。それどころか、ある場合には、直結的な影響さえ受けているのである。

つまり、こういうことだ。ヒトの体の中には、多くの生物学者が明らかにしたように、アミーバ時代の法則が生きている。また、私たちの脳の中には、マンモスと戦ったころの記憶も残っている。これらのものと、感情や道徳、哲学などが総合され、トータルとしての人間存在ができあがっているというわけだ。

いままでの話で、生物の進化は、非生命的な物質が形取りをされ、層に積み上げられることによって起きる、ということを明らかにした。しかし、ヒトの進化は、機械や人形のように人為的に層が積み上げられたわけではない。

それでは、いったいヒトの進化はどのようにして行なわれたのだろうか。

まえにも少し触れたように、それに対する答えは、もしも自然環境が先に存在するとすれば、ヒトがそれに合うように自らの形態をも含めて適応したということでしかない。進化はすべて内的な原因に基づいて起きたと考えなければおかしいのである。

たとえば、ヒトが最初に言語を話しはじめたときのことを考えてみよう。これまでの進化の考え方に立てば、言語は非常に便利なものであるから、ヒトの社会のある段階で必要になり、しだいにしゃべるようになったということになってしまう。

しかし、ヒトがパンツをはきはじめたのと違って、言語は、だれかが最初に、これはいいからしゃべってみようと思ったところで、他人がその意味を理解できなければどうしようもない。パンツや下着の場合は、だれかがはきはじめたら、ああ、それはいい、というふうに、みんながはきはじめたのかもしれない。なぜなら、その意味はだれにでも一目瞭然だからである。けれども言語は、ある天才が話しはじめたとしても、他人がその意味についてまるっきりわからなければ、しだいに浸透するというようなプロセスを想定するのは、そもそも無理な話である。

実は、パンツなどでも本当はそうであって、だれも性器を隠したいと思っていない段階で、だれかがひとりで隠しはじめれば、それは現代でいうところの精神異常でしかない。社会的に、あるいは種的に承認されなければ、そうしたものが浸透することはないのである。

つまり、あらゆるものは、共同体の共同幻想によって承認されなければ、あるいは要求されなければ発生してこない、と考えるのが妥当なのである。

ヒトがパンツをはくようになったのは、ヒト全員がパンツをはこうと思ったからにほかならない。サルがパンツをはいていないのは、全猿類がパンツをはきたいとは思わなかったからにほかならない。パンツは、みんなではけば怖くないものなのである。しかし、だれもはいていないのに、ひとりではくことはとても恐ろしい。

言葉で説明できないもののほうが正確に伝わる⁉

言語の場合も同じである。言語が最初、単純なものであり、しだいに複雑なものになるという発達のプロセスを仮定することには、まったく無理がある。いま言ったように、ある天才のサルが突然、言葉を話しはじめたって、ほかのサルがみんなわからないのに、どうして広まっていくのだ。

マイケル・ポランニーは、これらのことをまとめて、社会の進化は、すべて「内知」（または暗黙知、深層の知）によって行なわれる、ということを明らかにした。

ここで言う「内知」とは、私たちが学校で教わったり、社会的な経験によってはじめて知るような知識ではなく、あらかじめ私たちに備わっている内部的な暗黙の知のことである。暗黙の非言語的な生物的能力と言ってもよい。言語能力もそこから生まれる。

暗黙の知の存在は、たとえば次のような実験で証明することができる。

人間には、本人には感じることのできない自発的な筋肉の痙攣《けいれん》がある。この痙攣のときに生じる活動電流を一〇〇万倍に増幅し、実験的に観察できるようにする。そこで、実験を受ける人に不快な雑音を聞かせ、もしもこの痙攣が起きたときには、その雑音が止まるようにしておく。すると、被験者は、本人が気づかぬうちに痙攣の起こる回数を増やすという反応を示し、それによって雑音の発生を大幅に抑えるようになる。

つまり、私たちは、自分では制御することができないだけでなく、まったく感じることさえもできないような内部的活動、内部的な努力というものを持っているわけだ。

これはヘフェリンという学者の実験によってポランニーが明らかにしたものである。このことから言えることは、神経系の皮質にしるされる痕跡も、この原理に従っているということだ。

つまり、私たちの脳がポイントである。

私たちの脳の内部での働きも、ヘフェリンの実験の被験者に見られたような意識下の痙攣と同じ基盤に立って活動しているのである。

だから、私たちの脳は、ポランニーが言うように、「語ることができるより多くのことを知ることができる」し、意識下で物事を理解することもまた可能なのである。

たとえば、あなたは長嶋茂雄さんの顔を知っているだろう。そして、彼が歩行者天国の雑踏のなかにいても、その顔を他の何百、何千もの人の顔と区別して認知することができるだろう。

それでは、あなたは彼の顔をどのように認知したのかを語ることができますか。

たぶん語れないはずである。知識の大部分は、言語に置きかえることはできないのだ。これは、私たちのなかにある暗黙の知覚の力であり、いわばすべての力の根源なのである。これは人間にのみ存在するのではなく、最も原初的な生命形態にも存在している。

暗黙のうちに働く生命の力――暗黙知あるいは内知

内知による生命の活動を、典型的に示す例をあげよう。

ウニの受精卵は、最初は一個の細胞だが、どんどん細胞分裂を繰り返し、必要な器官に分化していって、やがて一個のウニとして完成される。

その成長過程のかなり早い時期に、腸胚期《ちょうはいき》と呼ばれる段階がある。この段階で細胞を切り離しても、どの切片でも正常なウニに成長できる。

この腸胚期の段階を過ぎてしまうと、今度は、すでに細胞の一個一個が将来、体のどの部分になるかが決定されてしまって、切り離しても正常なウニになることはない。

つまり、腸胚期におけるウニの細胞の一個一個は、形取りされる以前のウニの素材である。それ以降は、一段上のレベルの原理で形取りされ、さらに順々に上位の原理によって形取りを繰り返して、一個の完成されたウニとして、最終的に形取りされるわけである。

これは、生物の進化の過程が、すべての個体の発生史そのもののなかにも、繰り返して表現されているからである。そして、いずれにしても、このような腸胚期のウニの細胞が、再生産力を持っているということは内知の何であるかを説明するものと考えてよい。

私たちの生命力のなかには、そうしたものが基礎として存在している。然《しか》るがゆえに、私たちは進化をしてきたのだ。こうした能力が生命のなかに存在するということは、多くの学者がしだいに科学的に明らかにしていることだ。

以上のことをやさしく言えば、私たちの存在の奥には、言語では説明のできない一つの方向への衝動的な力があるということである。能力とか可能力と表現すれば、よくわかるかもしれない。ところがこれまで、言葉で説明がつかないものは、曖昧なものであるという考え方が強かった。しかし、その考え自体が近代科学的な偏見であって、もともと人間は言語を用いて対象を認識することはなかったのだ。

言語は対象の認識や表現を他人へ伝達するための手助けにはなるけれども、対象の本当の内容を明らかにするものではない。たとえば私たちは、言語を知らなくても、母親とは何か、父親とは何か、ということを認知することができる。言葉で表現することができなくても、素晴らしい愛は存在するのである。

内知の理論は、近代人が絶対的な事実だと信じきっている空間や時間の存在についても、根本的な問題を提起している。

人間はもともと、自らの体の感覚外のものについては何の興味も示さなかった。ところが、近代社会人は、宇宙とは何かとか、ブラックホールとは何かという問題に非常に大きな興味を示す。そうした本は、しばしばベストセラーになるのである。

空間は曲がっているとか、時間は地表と大気圏内では進行が違うという問題は、多くの人びとの興味を引いてきた。

いっぽう、私が興味を持つのは、地表上以外の問題について、なぜ多くの人びとが、これほどの興味を持つのかということである。そのこと自身が、実は、物理学者が気がついているにせよ、いないにせよ、宇宙が私たちの身体感覚に基づく認識の「内部」にあるということを示唆している。宇宙は決して私たちの外部にはないのだ。

古代社会以来の神秘主義は、あらゆる教義において、個の中に全体がある、個体の中に全宇宙があるという理論を伝承してきている。いわゆる全中全の原理と呼ばれるものである。

いっぽう、マイケル・ポランニーの内知（暗黙知）の理論によれば、私たちのすべての物事に対する認識は、身体内部の装置を用いて行なわれている。これは、現代の優れた哲学者のほとんどすべてがそう認めていると言ってもよい。

また、ヒトの社会では古代以来、すべての空間を計測する単位に、身体の部位を用いていた。たとえば、一フィートはヒトの一歩の歩幅とか、一尋《ひろ》はヒトが両手を横に伸ばした長さなど。古代日本でも、空間は私たちの身体によって測られた。一束《つか》とはひとつかみのことで、こぶしの幅であった。

それだけではなく、他方で、イメージやシンボル、宇宙像というものも含めて、人間ははじめも終わりも内知に基づき、体を媒介にして、それらを認識する以外にないのである。

絶対的な基準となる時間は存在するか

そもそも、あらゆる自然科学の実験は、客観性の極致のような顔をしているがその実そうではない。つきつめるところ、人間の感覚をもとにしている。アインシュタインに先立つ相対性理論の主唱者エルンスト・マッハはそう述べている。

たとえば、ある直線が水平であるかどうかということは、どのようにして測れるのであろうか。最終的には、これが水平であるという器具とか、原水平器のようなものでそれを測る以外はない。そして、そのまた最終的な基準は、つきつめれば、人間がこれが水平であると認知することによって、存在しえているのである。

物理学の実験は、最終的には質量や性質を表わす言葉によって明らかにされているが、それらはすべて、究極的には人間の感覚に基づいて表現される以外はない。

さらに、いかなる実験も、何年間かの長い長い実験の努力の結果、成功したという報告がされている。だが、逆に言えば、その実験成功に至る無数の失敗の死屍累々《ししるいるい》というのがふつうなのである。その間違った結果を出した実験に対して、新しい別の説明が付与されれば、そこに新しい理論が生まれるはずではないか。これらは、いずれも近代科学が客観的な基準に基づく、あるいは、基づきうるという幻想にとらわれていることを示している。

時間の概念にしても同じだ。時間の客観的な基準が星の運行に基づくという考えは、コペルニクス革命によってはじまった。それ以前は、人間は星の運行が時間を測る唯一のモノサシだとは考えていなかった。星の運行については、おどろくほど正確にわかっていてもである。人間の時間には、生理的時間と精神的時間が存在するからだ。

生理的時間のうちの一部は、明らかに星の運行に対応している。たとえば、一五歳の女性でも二五歳の女性でも、妊娠をすると十月十日《とつきとおか》で子どもを産む。三五歳の女性だと出産するのに二十カ月と二十日必要になるということはない。

ところが、精神的な時間においては、年齢が若いときには、時は明らかに速く集中的に流れ、齢《とし》をとるに従って時の流れは遅くなり、人間の精神的、肉体的反応もそれに応じて、ゆるやかになっていく。このことは、一五歳の女性と三五歳の女性が同時に住んでいた場合、同じ二四時間という星の運行を基準にした一日のうちで、物事に対応する速さが違うということをも意味している。

この精神的時間は、SF作家、半村良氏が言うような、「時間は物質の運行の相である」という考え方に立つと、そのまま説明することができる。

細胞における活動や細胞の変化のスピードは、一五歳の女性のほうが三五歳の女性よりも、はるかに速い。ということは時が速く流れているということだ。その細胞の変化に対応して、一五歳の女性が一時間という星の運行による客観的な時間内に記憶することがらに、三五歳の女性は二時間必要だというわけである。

しかし、女性の生殖機能に関係する生理は、一五歳の女性と三五歳の女性で変わるわけではない。つまり、そのような生命を創出するというレベルの問題に関しては、どうやら星の運行による客観的な時間の流れと、人間の体内における時間の進行とは、対応しているらしいのである。けれども、それ以外のもの、たとえば、道徳や感情、記憶、認知等をつかさどる原則の範囲内にある時間は、年齢が高くなるにつれて、しだいに進行が遅くなるという結果を示している。

古代社会においても、星の運行による暦が古代人の時間観念の一部を支配していたことは否定できない。

たとえば農耕民族では、現在の一年とほぼ同じような彼らの暦を作っていたのである。これはひとつには植物の生命のサイクルが、どうしても日照に左右される事実によるからであろう。

しかし、注意しなければならないことがある。たしかに、人の生殖や農耕に関しては、星の運行に基づく時間観念が、どこの共同体内にも浸透してはいた。けれども、近代社会に至るまで、あるいは近代社会になっても、時間はつねに同じスピードで進行するとは考えられていなかった、ということである。

時間はまず、年齢の老若によって個人的に別個に流れると考えられていた。また、日常的な時間の流れと、それを中断して特別な時間観が支配する聖なる時とが交互にやってくるとも考えられていた。その聖なる時は、祝祭の時であり、特別な祝祭的空間では、いわば時間は停止するのである。

哲学者、中村雄二郎《なかむらゆうじろう》氏の表現をかりれば、それが永遠の時間であり、また垂直の時間である。だから、人間の時間観を考えてみると、時間は流れている時もあれば、流れていない時もある。生殖に関連して星の運行時間につながっている時もあれば、まったくそうでない時もあるということなのである。

これらを完全にひとつの基準にあてはめて時計を作るという考え自体が、そもそも無理なのであり、やむをえずそれを作ったとしても、もはや最大公約数的なものでしかありえないことは間違いない。

宇宙の中心から放り出された人間

近年、「発想の転換」がはやり言葉になっている。だが、内知の理論によれば、転換を要求されている近代的発想自身が、人間の社会にとって普遍的なものではなかったことがわかる。このことは、すでにいままでに具体的に見てきた。近代的発想の転換が要求されているのではなくて、人間の本来の思考の姿に戻ることが要求されているのにすぎない。

そもそも、近代的な科学観を最初に導いたのは、一六世紀のコペルニクスであった。コペルニクスは、地球の周りを太陽が回っているのではなくて、太陽の周りを地球が回っているのが真実だと主張した。

しかしこれは、地球を中心に考えて、地球のみが止まっており、それ以外の太陽系を含む宇宙が、地球の周りを回っていると考えても、別におかしくないはずなのである。

ただ、天動説をとると太陽系の諸惑星や多くの恒星が、地動説にくらべてより複雑な運動をしていると説明しなければならないだけである。だけであるというが、実際にはいまの数学では表現しきれないほど複雑になることも間違いない。だが要するに、基準のとり方の違いなのだ。しかしまあ、地球が太陽の周りを回っていると説明したほうがわかりやすいことは確かではあるが。

いずれにせよここで重要なのは、どちらが正しいかということではない。地動説によって人間が宇宙の中心からはじき出されたという事実が重要なのである。そしてこのことは、ガリレイによって完成された。

ガリレイは、人間の社会をすべて数量化するという思考の創始者であると言える。コペルニクスによって、人間は宇宙の中心から追い出され、ガリレイによって、すべての存在の数量的な表現が行なわれるようになった。それがニュートンによって、人間存在の外に絶対的な存在があるという思考体系が確立されるに至る。

これらすべてが、たとえば、哲学のカントの思考のなかに入り込んで、存在にも絶対的な存在、すなわち絶対的な真理があるという考え方に結びついていくことになった。

このような近代的発想によって、私たちの思考のなかにあるものは真実ではなく、その外に、より正しい絶対的な真理を想定する考え方が普遍的になった。

私たちの思考のなか、あるいは思考の底に内知があるという現在の考え方から見れば、近代的思考法は、私たちの思考の外に真理があることになる。あるいは、思考の外に真の知識があるということにもなる。これをとりあえず、「外知」の理論と呼ぶことにしよう。

外知の理論の特徴は、明らかに私たちが自然に考える内容以外に、私たちの知りえぬ真実があると考えることだ。マイケル・ポランニーはこれを、

「真実は、私たちの知りえぬ私たちの思考の外にあるという考え方が、近代科学がもたらした最大の（悪）影響だ」

と表現している。

近代科学は非常に巨大な生産力を生み出し、その生産力が社会を歪《ゆが》めたという考えは、以前にもかなりあった。けれども、近代科学の影響の最も大きなものは、マイケル・ポランニーによれば生産力や科学の物理的影響そのものではない。科学が人間の精神に与えた影響なのだ、ということである。

すなわち、人間が人間の精神を信じることができなくなり、その外に外部的な真実があると考えるようになったことである。この「科学的発想」からすれば、私たちの考えは主観的であり、

その外に、客観的な真実や客観的な知識が存在していて、そのほうがより信頼するに値するということになる。

これは、近代科学の成立以前は、人間にとって、普遍的な思考ではなかった。自然で共生的な真理や道徳をもって生きていくのが普遍的な思考だった。近代科学の巨大な影響によって、人間の内知に対する信頼がゆらぎ、真実はすべて、思考の外から、たとえば、学校において教えられるような、外的な、「客観的」なもののなかにあるということになったのである。

この外知に依拠する考え方は、客観主義とか、客観価値主義と呼ぶこともできる。

私たちは、学校で教えられることが真実であり、自ら身体的に感覚することは、真実ではないと、強く押しつけられることになった。

現代の少年非行や暴走族が問題になったとき、こうした客観主義者たちは、正しい道徳を彼らに教えなかったからだとか、小学校や中学校でより良い道徳教育を教えなかったからだとつねに言う。しかし、これは完全に誤っている。そのような外的な知識を彼らに押しつけること自身が、彼らの反発を生んでいるのである。

しかし、いっぽうで、現代の非行少年や暴走族が、やたら近代的な道具をカッコよく使いたがったり、テレビに出たがったり、アホな雑誌のファッション情報に躍らされたりする姿は、深層の知どころか、別のかたちでの外知への屈服であるとしか言いようがない。「反発は屈服の単なる裏返しである」という法則の一例にすぎないのが、いまの一部の非行少年や暴走族の姿であることは残念だ。

監獄化社会、学校化社会

外的な客観価値主義により強く依拠しているのは、実は資本主義支持者ではなく、社会主義者であるのも皮肉な現象だろう。

フランスの哲学者ミッシェル・フーコーは、現代社会の最大の問題は、社会全体が象徴的かつ現実的に監獄化されていることと見た。

現代はその生産様式のいかんを問わず、あらゆる部分において、人間は外的な知識を押しつけられ、その枠の中からはみ出した場合には処罰されるシステムになっている、というのである。だから、社会全体が監獄であって、実際の監獄自体は、そうした監獄化社会からはみ出した人間を放り込むためにあるのである。

同じような考えは、メキシコの教育社会学者イワン・イリイチによって提唱された。彼は学校化社会が現代の基本的な欠陥であると言う。

現代社会はすべて、学校において外的な知識を人間に押しつけるようになっていて、良い道徳、正しい生き方、こうしなければならない、というような薄っぺらな倫理主義が、人間の思考の外から押しつけられて、そこからはみ出した人間は罰せられることになる。

たとえば、中学生や高校生は、勉学を本分とし、清く正しく美しくなければならない、というのが外的な押しつけであり、そこから少しでもはみ出せば、「落ちこぼれ」となってしまう。また、これに反発している人びとも、何のために反発するのかわからずに、結果的には意味のない暴力や非行に走ることになるのである。

私は、現代社会の悪が、資本家階級の搾取にあるということよりも、監獄化、学校化した社会にあるということのほうが、より重大な問題だと思う。なぜならそれは、近代科学がもたらした外的な知識の押しつけの最終的な結果だからである。

そして、現代社会の矛盾に、最も強く反対したはずのマルクス主義さえもが、むしろより強い客観的知識や客観的真実の押しつけを、私たちに行なっているのである。

現代の社会主義圏の実状や自由社会圏での反体制運動と称するものの内部における人間性抑圧の存在は、マルクス主義者がこのことに気がつかなかったことを、明瞭に表わしている。

だから、私は現代資本主義社会の矛盾を指摘することには賛成するが、社会主義になればそれが解決されるとは、とても信じることはできない。

むしろ、社会主義になれば当然、解決されるはずだという安易な構えがあるだけ、社会での問題が深刻化する危険性がある。

まさに発想の転換が要求されている問題であろう。

すなわち、社会主義が善、資本主義が悪というような、単純な善悪二元論ではなんら問題の解決にならないことが明らかになったのだ。

どちらが正しいという問題ではない。どちらも、人間の思考の内知に人間の基本的な存在がかかっていることを理解していないことが問題なのだ。

これが、コペルニクス以来の近代科学と、それがもたらした押しつけ的道徳観の結果である。その結果、現代社会は本来的に人間が依拠すべき道徳を失った。そのために、もっと強く別の道徳を求める時代となってしまったのである。

近代社会は、普遍的な人間の社会が、癌にかかったようにねじ曲がってしまった社会なのだ。だから、言葉のあらゆる意味で、最高の発展段階たる社会では、まったくないのである。

カール・ポランニーをはじめとする経済人類学者が、資本主義社会を、歴史的に特殊な構成体だと言うのは、そのような根本的な意味であって、一九世紀ドイツの歴史哲学に基礎を置くマルクス経済学の表面的な発展段階説とは、まったく関係がないのである。

内知による人間社会の見直しと発展を

そういうわけで、発想の転換が要求されているということは、ある意味でより人間的な、より深層の知に基づく、本来的な発想へ戻ることが要求されている、と言ったほうが正しい。

だから、私たちは、より高度な社会を実現するためには、現代社会の次の進化した段階を求めるのではなくて、近代科学とその道徳観によって捨て去ってしまった、本来の人間社会の論理を、再び体現するしかないのである。

しかし、このことはポランニー兄弟も主張しているように、近代科学の内容自体を捨て去るということではない。

単純に、もとに戻れとか、自然に帰れとか主張することでは、断じて問題の解決にはならないのだ。一九六〇年代のヒッピーたちは、その単純さゆえに敗れ、彼らはいまはむしろ市場社会の忠実で中心的な柱として復帰しつつある（した）。それは、今日の単純なエコロジー運動や反原発運動の一部にも見られることだが、要は、自然に戻れ主義の持っている思想的な無責任さが問題なのだ。

そもそも、人間社会が近代科学を選びとったということは、やはり、そこになんらかの内知による、全体的承認があったというふうに考えるのが自然である。そして、われわれはいま、技術とどう付き合うのかを根本的に考え直さねばならぬ地点にいる。

このような地点から、近代科学をもう一度考え直すと、実は、科学の発展自身のなかに人間の内知が働いていることがわかる。

科学は、つねにより正しい問題を立てることによって発展してきた。問題を立て、解決法をさぐることが新しい科学的発見の八〇パーセントの内容なのである。問題が立てられなければ答えは出てこない。

その問題は、はたしていかなる能力によって設定されるのだろうか。それは明らかに内知の働きによる予見の力なのである。

まえに述べたように、マイケル・ポランニーはアインシュタインの相対性理論の発見について、非常に興味深いことを言った。アインシュタインは学校ではむしろ劣等生であった。

しかし、彼は、劣等生であった一六歳の少年の時期に、すでに一般相対性理論の基本的な内容を確立していたにちがいない。マイケルはこのように言ったのである。この発言は当然、他の科学者の賛成を得なかったので、マイケルはアインシュタインの存命中に、友人を介して直接そのことを確かめ、アインシュタインからたしかにそうだという回答をもらって、証明したのである。

事実、アインシュタインは、物理学の「言語」にあたる数学で彼の理論を証明するために、何年も時間をかけなければならなかった。

重力場の基礎方程式を確立して、一般相対性理論を一応完成させるまでに二十一年、さらに、一般相対論における運動方程式を完成（一九三八年）させるまでには、実に四十三年の時日を要している。これを思えば、あなたが大学に入ったり、新しい好きな職を見つけるまでに、三年なり四年なり遅れたところで、どれほどのことがあろうか。それより、あなた自身の心の輝きを失わないようがんばりなさい。あなたには内知（暗黙知）がある。この私も、すんなりと世に知られた大学の教授になったのではない。何度も何度もまわり道と停車を繰り返して、たまたま教授となっただけだ。これからだって、どこで停車するか決まっているわけではない——実際この後、一九九一年、明治大学教授から下車してしまった——。

マイケルが言おうとしたことは、新しい科学的発見は、決して学校化社会のなかの学校で積み重ねられた教育の結果生まれるものではなく、ヒトの、あるいは科学者の深層の知によって、問題が与えられ、解決が与えられる、ということなのである。

だから、現在もありとあらゆる分野で発想の転換や、新しい発見の方法についてのノウハウの入門書が出ているが、もし、あなたが新しい発見の方法を求めるときには、あなた自身がすでに持っている内知に依拠すること、それ以外に方法はないのである。

私も、この本を自分の深層の知（内知）に基づいて書いたのである。だから、正確な表現で言えば、もともと体が知っていることをちょっと出してみたのである。私の中学時代の恩師は『パンツをはいたサル』初版を読んで、「お前の言っていることは中学時代と同じじゃないか」と指摘してくれた。それはある意味で当然のことなのである。

ほかにも、もう少しは知っていることもあるが、ルーマニア出身の文学者シオランの「人が知っていることを書いたとしても、それでどうなるというのだ」という言葉に感銘して、今回は下着までは脱がず、上着までにとどめておきたかったのである。

もし、もうちょっとポランニー兄弟やそれを発展させた私の理論を知りたいという人がいれば、カール・ポランニーと経済人類学については、『経済人類学』（東洋経済新報社）または『幻想としての経済』（青土社）を、マイケル・ポランニーと深層の知の理論や時間・空間論については、『意味と生命』（青土社）をお読みいただければ幸いである。

外知の支配から解放されるために

われわれの外なる知、すなわち外知から解放されるにはどうしたらいいか。それはひと言で言えば、すべてをわれわれ自身に依拠して考え、われわれ自身が世界の中心にいるようにするということだ。そうできればそれでいいのだ。しかし、それは実際にはとうてい無理のことのように思えるだろう。われわれ自身の考えや素直な感覚に依拠すると言っても、無条件にそれがどこでも生かされるという保証はない。むしろ、そうできないように世界は成り立っているからだ。たとえば、あなたが「太陽は自分の周りを回っているし、自分は宇宙の中心にいる」と素直に思っていたとしよう。そしてそれであなたの日常生活はまったく問題なく回転していっているとする。それならそれでいいではないか。できる限り、「良い中心」になるように努力すればいいのだ。

ところが、もしもあなたが理科の先生や宇宙飛行士になろうとしたとする。そう思っていて、それに嘘をつかないようにした場合、あなたは初歩的な試験も合格せず、資格は取れっこない。その場合、あなたは、①、世の常識や公式に認められた「真理」と必要な場面では「政治的に」妥協する、か、②、それら常識や真理が間違っていることを声を大にして証明する必要がある。②を選択する場合でも、全面的な批判に直ちに入らないで、限られたとくに必要な場面でのみその「間違い」を指摘するということもできる。それはあなたの力量しだいだ。そのどちらかができれば、あなたはあなたの内知（暗黙知）を抑圧せずに生きていけるのである。

私は、自分が世界の中心だとは思ってこなかったが、生きてきたうちにはいくつか「これはおかしい、間違っている」とはっきり思ったが言えなかったことがあった。（良い奴も含めて）周りのみんなが「あれは善だ」と言い出して、とても批判ができなかったのである。たとえば、一九六〇年代後半のビートルズであった。ビートルズは明らかに「音楽ではなく、政治」であった。気づくのはともかく説明をするのには内知だけでは不十分だ。よって、ほぼ四十年を無駄にしたのち、私は本書の完結篇『パンツを脱いだサル』（現代書館）の最終章でようやく一考察文を入れることができたくらいだ。それでその間、私はほとんどビートルズについて発言をしなかった。しかし、つねに注意して何十年も経ったということだ。本当は、一九九〇年代の哲学者デリダについても同じことを思っている。あれはおかしい。あれは政治だ。浅田彰や柄谷行人はそれぞれ意識的と無意識的にその政治に与している。このことをきちんと述べるにはまだ十年ほど時間が必要だろうが。

何についても同じだが、内知（暗黙知）はまず「これが正しいのではないのかな」とか「これはおかしいのではないのかな」という「感じ」としてやってくる。ここで注意せねばならないことは、それらは通常の疑念や不安と一見、同じ様相を持っていることだ。それらを判別するために、自分のなかから湧き起こるそういう感じが実際、どういう結果をもたらしてきたかをつねに自分なりに検証しておく必要がある。そうしてただ精神的な不安から生まれたものと、内知（暗黙知）が生み出したものとが区別できるようになる。そういう検証のほかに、自分自身の精神と身体を十分自然に対して解放しておく努力も必要である。近代的知識とか道徳というかたちで私たちを搦めとっている「外知」のネットワークがあるからだ。また、私たちの信じる自分の身体そのものがいつのまにか捻じられ歪められてしまっているかもしれない。パンツというものは、進化にも介入するものであった以上、そういうことも注意しておかねばならない。とくに注意すべきは、われわれの身体に組み込まれてしまっている支配や征服や攻撃への欲望と快感だろう。だから、支配や征服や攻撃への欲望と快感だけは意識的に抑えて「自然と共生して調和している自分」であるような努力だけは必要だ。

私は、経済人類学の勉強をはじめて論文を発表しはじめたころ、想に詰まるといつもぼんやりと小さな箱で飼っていた大きなヤドカリの動きを見ているのが好きだった。子どものころはカメだったが、助教授になったらヤドカリになっていた。親が買ってくれる時代はカメが飼えたが、助教授になると貧乏になっていたと言ってよい。

ある日、ヤドカリの体が少し大きくなって貝殻のほうが窮屈そうになっているように思えた。ヤドカリの動きがそう言っているように見えたのだ。私は海に行って、少し大きな貝殻を見つけ、家に持ってかえって箱の中に置いた。夜早めに電気を消してやって、朝、急いで見にいったら、ヤドカリは私が海辺から持ってきた貝殻のほうに居を移してちんまり座っていた。ヤドカリは私に「アリガトヨ」と言っていた（と明らかに思えた）。ひと月ほどしてヤドカリが死んで、私が持ってきた貝殻から体を乗り出して死んでいたのを見たとき、号泣してもいいくらいに悲しかった。論文を書き終わった私は、外出することが多くなって、病気のヤドカリとコミュニケーションできなくなったのだった。以来、私はコミュニケーションが比較的容易な哺乳類だけを飼うことにしている。

内知（暗黙知）はこんなことでも、確認でき、強化もできる。これを風の音や流れる霧に対して行なってみれば、それは宗教的な行である。またそう認められているだろう。だが、風や雲や霧や山の声とヤドカリや草木の声とには根本的な差はない。そしてもしヤドカリの声が聞けるならば、あなたは自分自身の内部の本当の声も聞けるのである。

話は違うようだが、私は『パンツをはいたサル』発刊後十八年目に、重い脳梗塞で倒れた。奇跡的に生還後、リハビリをせねばならなくなった。最も有効だったのは、リハビリ中、神経細胞をはじめとした「体内の声」を強く聴くように努力したことであった。それはいまだに明確な言語で語ることはできない。そんなものは聞こえるわけはないじゃないか、というのが科学的常識であってもかまわない。だが、少なくとも、私はそう努力したのである。「この手のここを動かしたい、という意図を君は電気的信号として末端に伝えてくれるだろうか」という要望をつねに意識的に発していた。それで腕や足が動くようになったと科学的に言うことはできない。しかし、一般の平均をはるかに超える速度で手足が動くようになったことは事実である。

内知（暗黙知）を、学問の難問で答えを探すとき、私は次のようにしていた。まず、真理の答えは、本当は間違いなく私自身は知っているはずだが、外知や感情、雑念によって混乱させられて明かりが見えていないだけだ、と考える。考えるというより実際そうなのだ。それには問題を確認しておいて、①体を動かして（これにはテニスやゆったりしたドライブなどもあった）頭脳を解放する、②逆に昼でも横になって体を解放する。そして答えを急がないことだった。内知（暗黙知）は答えを持っているからこそ、必ず答えをどこかでふっと教えてくれる。それは本来われわれが持っている力なのだ。ただ、その答えを外知まみれで偏見まみれの他人に伝えるときは、その問題についての専門的知識（数学であれば数学の、天文学であれば天文学の）や論理の能力が要るというだけだ。つまり学問というものは、真理をつかむために必要なのではなくて、つかんだ真理を他人に（あるいは社会に）伝えるために必要なのである。

二一世紀の日本は正しい方向に進んでいるのか

ここに二一世紀の日本は正しい方向に進んでいるのかどうかという問題が存在する。私による答えははっきりＮＯである。「はっきり」ということは、方向的にもはっきり間違ったものがあるということだ。政治的・経済的にはっきりした悪（?）の方向が見えている。それについて、かつては個人的に友人であった小泉純一郎の動向や背景を探りながら、現実を論じることは簡単だ。しかし、日本だけでなく今日の地球は大問題の中にいる。結論だけをもうひとつの「外知」のごとく受けとることのないよう、本書完結篇でもある『パンツを脱いだサル――ヒトはどうして生きていけるのか』の土俵の中であなた方自身で考えていただきたい。

さて、いつ全部を捨てましょうか。

追補　信念の世紀は終わり、生命の世紀が始まった

『パンツをはいたサル』の旧版が最初に出てから早くも三十年以上にもなる。いささかならず驚くべきことだ。それでもまだはじめて読んでみようかという人がいるのには、さらに驚くとともに感謝しようという気にもなる。書きなおせという声もあえて誘いだせばあるのだろうが、著者自らがあらためて読んでみて特に根本から書きなおしたいと思うところはない。あるとすればほんの表現上の違いだ。それもその後の私の仕事の中で諸般の関係で用語を整理していく必要があったからのものだ。たとえば、内知はほぼ深層の知になった。すべてを過剰の蕩尽から説明するのがいかにも過剰に見えるかもしれないのは、ある種の文学的修辞であろうことはきっと当時も今も読者には内知によって理解されていただろうことは私の内知も察知していた。その他のものもほぼ『パンツを脱いだサル』等において修正指示されているので問題はなかろう。

ただここで改めて追補しておきたいことがある。それは二十世紀が終わり二十一世紀に入っていくときに、『パンツをはいたサル』の考えに基づくならこうなる、こう予測されるべきだと言っておくべきだったということだ。我が家に住む元野良猫二、三匹だけが証言できることなのだが、

アメリカのトランプ大統領の誕生を予言？　したのは遅くとも実際の選挙の半年前だったし、今では東南アジアの局地戦争を含む大混乱を予測している。これは霊感とやらに基づく商売的な予測などではなく、『パンツをはいたサル』で述べた社会構造や人間の感情構造の理解やそれらについての現代史的考察に基づく。古いとはいえ『パンツをはいたサル』はすでに一九八〇年代のものだった。今ここに述べるようなことはそこにおいて整理した上で述べておければよかったと思う。そうは思うが、『栗本慎一郎の全世界史』までのほぼ三十年、基本は『パンツをはいたサル』で確実に出来上がっていたにしても語るべき材料などの強化はそれなりに必要であったというしかない……と言い訳しておくことにする。それに真面目に振り返るなら、私自身の病気や妻や娘二人の重病は個人的にはひどい具体的重荷になり思考分析はともかく執筆上梓などはとても無理であったと言わねばなるまい。

それでは何を追補しておくべきか。ぎりぎりにつづめれば二点に集約されるべきことはこうだ。二つのことは実はさしたる奥底ではない奥底においてつながっていることながら、表面においては一応分かれてこういうことになる。

1、社会や共同体いずれも人間の「他」とのぶつかり合いにおいてそこにおける行動の個別や集団的関連態様としてできるもので、それらはそれ自体が人間の個や人間の集団のひとつ上の

生命体としてのレベルを形成する。

これは、個が先か集団が先かというようなレベルの話ではない。社会や共同体は人間の個も人間の集団も自己をひとつの生命体とした中でのその論理またはシステムを生かす形でのみ組み込み動かすのだ。この構造は生命の基本構造である「層」を積み上げることによってシステム全体を動かし生命化するというものとなっている——この生命構造論は知と存在とすべての物事の内部と外部の違いと周辺あるいは周縁の意味を論じたマイケル・ポランニーについての私の研究が追跡しているが、私もそこにおいて単純明確化に成功しているとは言いがたいものがある。別問題だが、私は単純明確化出来なければすべての研究は不成功だと信じているのでそれは弱点であることを認めよう。

この難解な命題を出来うる限り単純化して述べれば、社会や共同体は常にそれ自体人間とは関係なく生命なのである。しかし生命とは本質的に見られるべき物的形態を超えて形ではないものも含むシステムや原理となっているものだ。そこでここでは生命体と規定するのがより理解しやすいだろう。生命ではなく生命体なのだ。

しかしこのことは、現時点においては多くの人に理解することに戸惑いを生ませ、拒否感、抵抗感をも生ましめるだろう。それもおそらくは非常に強くの……。

何故ならば、西欧哲学を主軸としてわれわれに教育されるべき「知」のほとんどすべては、たとえどのようにずれたり時には反目していても社会は人のために出来ているし、少なくともそういう原則的方向が厳然として存在するからこそ人は生きていけるのだと勝手に想定している。それは哲学者ヘーゲルを最高峰にした願望者連合の願望であり、マルクスもまたその連合の一員だったのだ。社会とは、いまだわからないことども含めてもやがては現在の（そのときの現在の）知の枠組みで把握しきれると思った。それは苦しみ生きてきた人間の願望とでも言うべきに過ぎないものだった。社会の改革運動などはそこに実際には存在する乖離に対してはたらきかけることによって自らの存在意義を高めてそして生きていくことのよすがにしようという個的または集団的運動に他ならない。その場合、体制の変革や個別の政策への働きかけのほうが物理的には難しくはあってもかえって精神的にはやさしくなるという逆説を生みもたらした。私も少しながらこうした動き（学生運動）の中に身をおいたが、この逆説の中に身のおき場所をなくしたものだった。

余談だが、後に私は『二十歳の原点』という自殺した立命館大学の女子学生高野悦子の手記を読み、「ああ、何か具体的な学生運動をしていればとりあえず自殺は救えたのかも」と思ったものだが、言うまでもなくそれもまた表面での逃避に過ぎない。——本当の話、表面的ではない逃避とは、すべてが全く完全にすべてが表面の逃避に過ぎないと知ることなのだが、それを知ってしまったらもうどうしようもない。それではもう本当に死ぬしかないとして行動に移すような気力体力がなくなっているところまで生き伸びるしかないものなのかもしれない。ちなみに私自身はもはや何年も前からこの地点に行き着いてしまっている。

ともあれ社会（や共同体）というものはこの地上に発生したその日から、個としてでも集団としてでも人間の生命存在を超えるものであった。ヒトはそのことにずっと疎外感を抱き明敏な個は時折、抗議した――中の一文に「神様、私をいじめちゃいけない」と書き込んだ分厚いノートを私に読んでくれと託してきた他大学のとても美しい女子学生がいた。たぶん、どこの教師もコンサルタントもその美しさそのものに戸惑ったことだろうが、まだ若い私も戸惑ったゆえにきちんと応えられなくてすまなかったものだ。この女性はとても美しかったがとても気の毒であった。存在の基本に対する疑問のほかに、美しいとは何か美しくないとはどういうことかという小にして大なる問題を抱えてしまったのだから。どうして生きているだろうか、本来は私の友達であったのに。ところで、宗教に逃げたのはこの超少数派に続くところの逃げて妥協するグループであった。

社会あるいは共同体の生命体説は『パンツをはいたサル』前後の私の著作の背後に常にあったが、まだここにおけるようには単純明確に提起は出来ていなかった。だが、たとえば『幻想としての経済』中の「病にかかった江戸時代」などの社会と人口の動きに関する記述などにきっかけがあるだろう。イギリスの産業革命と人口の変化、医療と人口の変化を考察するときにもあった。ウイルスと人類を考える際の基本でもあった。

たとえ無理にでも過剰をつくりそれを蕩尽する行動をあたかも目には見えないが正義であるか

のようにしたのも生命体としての社会である。そこで全く同じレベルの問題として交換や互酬や再配分や共同体外との関連態様が生まれる。それらの行為を共同体成員たるヒトに行わしめるのは快感である。ほとんどはストレートな快感で、時に恐怖をあたえてそこから逃げ出させる逆快感もある。この逆快感はしばしば宗教に利用される。経済の形などはもちろんそれなりに重要だがこのことのひとつ下のレベルである。ただし貨幣となると上のレベルとずっぽりと絡みあった存在であって、それは経済の基本だとかいうレベルの話ではなく社会の基本命令のそれぞれの基礎に分かちがたく結びついている。ゆえに貨幣は既存経済学や西欧哲学の範囲で解明されえない存在である。そして困ったことに外見上、この貨幣の動きを含めて社会の諸制度に強制を与え、諸関係に強い影響を与えるのが政治である。生命体としての社会、生命体としての共同体は政治制度を一見では目に見えないが（時には目に見えることをいとわずに）誘導しその意思に合致したものを舞台上に押し上げる。もしも少しばかり人が倒れても次々と人はそこに送り込まれる。ただし、集団の利害の対立というレベルであれば、一人が倒れれば何かがそこで終わるということは簡単に起きるが。

生命体としての社会、生命体としての共同体がヒトを包み込むようにして命令を出す手段はヒトの集団的感情や時に熱情である。それがエロスにかかわることがあるのはほぼ当然のことでもある。エロスとはもともとそういう手段として生まれているものだから。

かくて、非理性的な集団的熱情は実にしばしば容易に社会に蔓延する。極端な例はジャンヌ・ド・アルクの下に集まったフランス人やナチスの下に集まったドイツ人などであるが、大小のその例は枚挙の暇もない。極端に言えば「大衆何々」と言われるものはすべてそうである。だから言えることは民主主義の土台だとされる選挙は常にかつ根本的に人間を抑圧する刃となりうるということだ。と言うか、ギリシアに生まれたときから民主主義とは根本の性質が抑圧や押し付けの手段なのだ。逆説ではあっても。

ということでこの第一点の提起を終わるが、続く第二点はある意味でそこから導き出された地球上の現時点への考察および警告である。

2、正義と信念の世紀は終わり、正義と信念なるものはその基から終わる——ただしトランプ、プーチンは終わらない。

『パンツをはいたサル』を書いた時点で私自身においても十分には言語化されていなかったが、実はかなり確信に近いものになっていた考えがあった。確かにもっとはっきり原則を言えればよかったが明確に言えなかったものだ。似たようなことは言っていたと思うが足りないと言えば足りなかったのは、正義を主張する思想やそこにちりばめられた一世を風靡するがごとき言語が支配力を持ち権力を持つのは傲慢なる社会の力であって人間のものではないということである。それらの傲慢さで威力を持つ思想がしばしば人間性の解放だとか抑圧の排除とか言ってくるのは安売り量販店のチラシと同じことである。職や食料、または教育さえあれば人間性は解放されるというようなことを言ったマルクスには全くナイーブな子供以下の人間全体に対する洞察力のなさがある。彼にはつまらないことを大げさに言い立てる才能はあった。だがなんと主著『資本論』における最初で最大の難関かつ土台とされる価値形態論には大きな論理的ミスがある。事実と違うとかいう問題ではない。純粋に論理上のミスがあるのだ。価格の形成や市場から貨幣が生まれるとする論理構成にも無理がある。市場、交換、貨幣、価格の議論が成立しなければ、その後すべての議論が無効になるべきなのだ。一〇〇年後の近現代史の研究家は、何でこのようなずさんな議論に頭脳明晰を誇る知識人階級がのめりこんだかがわからないことだろう。頭脳も人間の体の持つ一部なので社会が強要する熱情のようなものにはとてもかなうべくもないのだ。これに対抗するなら理性というようなものではまるで意味はない。あるなら感情や熱情を完全デジタルに理解することが出来たならありうるが、これは現在全く研究の端緒すらもない。イヌのそれに対して遅れすぎているネコの研究の足元にだって及んでいないのだ。だがもちろん、将来の将来には可能だが。

つまり結局のところ、マルクスの議論は、すべて時の社会が大衆に強要した宗教の一種だった。宗教はアヘンだといったのはマルクスだったが、皮肉なことにマルクス主義は最大最悪のアヘンとなって二十世紀前半までの世界に猛威を振るった。マルクス主義に権力論がなかったから旧ソ連や現北朝鮮の体制悪を生んだと言う人がいるがとても残念ながら間違っている。権力を取ったら何をしても良い、人間が解放されたという免罪符があるのだから。マルクス主義への熱狂は多くの根本的に善意の人々を巻き込んだ。そして多くの必要な社会改革の実現に力を貸した。しかしそこに加わった若者たちの多くは、マルクス主義がなくても何かを作り出しただろう。そしてそのほうがより根源的という意味でラディカルなものになっただろう。

マルクスやその宗教的信奉者（たとえばエンゲルス）または強引な司祭（レーニン）らによって空想的とか非科学的として片付けられた主張などの中には諸問題の本当の意味を考えさせられるものがある。だがそれらを彼らは、抑圧し十杷一絡げに片付けた。大きなことに対しても小さなことに対してもだ。この言論の暴力的抑圧性は具体的暴力を伴った旧ソ連や現北朝鮮の体制と本質的に全く同じである。旧ソ連や現北朝鮮はマルクス主義または共産主義の偶発的結果でなく、必然性のある結果だと断定する。もしも強固な善人がそこに加わっていたなら、間違いなく早い時期に抹殺されただろう。そしてそういう人物は有名無名を問わず山のようにいた。

十九世紀後半から二十世紀半ばまでの地球はこのマルクス主義および共産主義という正義だとか信念が支配する時代だった。別の面から言えば、正義を生半可に捉える言論が暴力的猛威を振るった時代だったのだ。この生半可で表層的な正義の中に分かりやすいから人道主義だったり民族自決主義そのほかが構成要素のように組み込まれて地球上の社会諸運動が起こった。そしてそこにおける本来付随的でもある要素が強化されて起こった。それは主義自体が言語的には不十分不完全であることからのものだが、そこにおけるいくつかの要素が支配的抑圧的に人間を縛ったのだ。これが二十世紀後半の社会的特徴となった。これが何が何でも環境を守れ、原発はいけない、放射性物質はとにかくいけない、民族はすべて平等だ、死んでも平和は守れ、移民は無差別に受け入れてもよい、いや受け入れるべきだ、などの態度をも「強要」することとなった。二十世紀はいわば正義と信念が尊重され支配する世紀であったために、別して覚悟を要請されぬまま世界の第一級支配国になってしまったアメリカ合衆国はずるずるとそれら正義からの要請に責任を持たされて対応せざるを得なかった。ＮＡＴＯを筆頭に（日米安保も主要脇役になるが）対中東問題などでじりじりと落ち込んでいくアメリカ経済から人的経済的資源を持ち出して「主導」することにアメリカ国民は遅くとも一九七〇年代には強い不満をつのらせていた。しかしそれらのことに関しても、もし撤退すれば「正義」の側からあからさまの反撃がある。この反撃があれば現実経済のシーンというよりジャーナリズムの攻撃を受け全国的選挙で打撃を与えられることは必至であった。アメリカのジャーナリズムは日本ほどではなくとも、これが正義だというものを押し付けたがる。

このアメリカの正義は、実は、民衆にとっては長く不要なものであり、そこにいわゆるポピュリズムがはびこっていく土台は形成されていた。私は一九七〇年代半ばと八〇年代半ばに合計三年ほどの短期間だがアメリカの大学に滞在した。自分の関心事として、民衆の気持ちや集団的感情の動きを盛んに観察した。また、それに関する知識階級（もっとあっさり言えば学卒者）と労働者の違いなどにも関心を深めた。知識階級は日本のそれよりもはるかに深く屈折していて本音を捕らえがたく、労働者は逆にはるかに天真爛漫で本音を探るのは容易だった。私は八〇年代は南部にいたから特にそれらは捕まえやすかった。それでもこの二つの階級にアメリカでは通底するものがあることを私は痛感していた。それは旧ソ連が崩壊しEUが出来上がっていく歴史的流れの中「いったいどこまでアメリカ国民が正義のために負担を続けねばならぬのか」という根強い不満または政府への不満だった。知識人の場合は、表面では反進歩的と見られないように言葉を選んでいた。別に愛国的ではない人々も多数いた。けれども、それがたとえ世界情勢への憂慮という形をとってもたとえば移民がとても社会にとって負担で嫌なものだ、少なくとも自分にとってはそうだと多くの人々は認めたものだ。

だから私は、トランプ的大統領の出現をかなり早い時期に予測していた。少なくとも選挙投票日の半年前にはである。選挙戦最終盤には報道上の支持率調査で反トランプが五二～三パーセントのときは完全な確信（トランプ勝利の）があった。結論としてはクリントンはよくがんばったと言えるくらいのものだ。これは言説による正義や信念からの意図的な離脱とでも言える現象で、二十世紀後半の歴史的流れであり、生命体としての社会の命令である。もしこれに反対があったとしても十九世紀後半にあったときのように言葉による反対の構築では何もならない。

いつの日か言葉が新たな実現可能な夢をつむぐことがありうるとしてもそれは遠い遠い先の日のことに違いない。その場合には現マルクス主義のようにずさんなものであってほしくない。

トランプもプーチンも超特別に有能だったから選挙に勝ったのではない。言葉の正義に対する本音の行動主義が彼らを勝たせたのである。そしてその本音主義は局地的、瞬時的には軋轢やトラブルを日常のものとさせる原因となる。具体的には、問題はアメリカのかかわる事どもである。ロシヤの抱えている諸問題は大体は歴史のときを経てきている。ウクライナ問題を含めて漠然たる方向は出されてきているといってよい。もちろん、トラブルの発火をプーチンは決して恐れないということはありうる。だがプーチンは、一族の本名がラスプーチンだろうことをまず公式には認めないように巨大な決着に手を出そうとはしないだろう。

だから問題はトランプの外交政策である。それも東南アジアについて何か一気に解決してやろうといった暴挙に出ることが予想されなくもない。構造的に見て、その対象は北朝鮮である。もしも、そう、もちろんもしものことだが、北朝鮮の実質隣国のロシア大統領プーチンの協力があれば、何をしでかされるかはわれわれは全く感知できないのである。金正恩がオサマ・ビン・ラディンのように抹殺されてもわれわれは本当は驚いてはいけない。トランプ的なものが求めるのは直接的かつ本音的なのだ。ここで、ではトランプやプーチンやＩＳが今社会が提起している変革だというのかは簡単に問わないでいただきたい。そんなことは言おうとしていない。よく考え、よく見れば分かるだろう。

以上二つの点を追補しておく。

すでに齢七十五歳、完全に静かに余生を送りたい身だが、地球のことを考えると精神的に静かになれそうもない。だが地球はもう私の世界ではないだろう。そうではないあなたが考えるべきだ。

しかし、誰にも可能な完全なる解決策がある。それこそまさに人間の特権、忘れることだ。そのことすらも忘れたら、もう人間にはパンツすらない。

栗本《くりもと》　慎一郎《しんいちろう》
一九四一年（昭和十六年）十一月　東京生まれ。慶応義塾大学大学院経済学研究科博士課程修了。天理大学専任講師、奈良県立短期大学（現奈良県立商科大学）助教授、ノースウエスタン大学客員教授を経て明治大学法学部教授。
一九九九年脳梗塞に倒れるも、衆議院議員（二期）、経済企画政務次官、帝京大学法学部教授、東京農業大学教授を経て、NPO法人神道国際学会会長（退任）、大学総合研究所主宰。

著書
『経済人類学』（東洋経済新報社）、『幻想としての経済』（青土社）、『光の都市闇の都市』（青土社）、『パンツをはいたサル』（光文社）、『脳梗塞、糖尿病を救うミミズの酵素』（たちばな書房）、『パンツを脱いだサル』（現代書館）など多数。

〈増補版〉パンツをはいたサル
――人間は、どういう生物か

二〇一七年四月二十日　第一版第一刷発行

著　者　栗本慎一郎
発行者　菊地泰博
発行所　株式会社現代書館
東京都千代田区飯田橋三―二―五
郵便番号　102-0072
電　話　03（3221）1321
FAX　03（3262）5906
振　替　00120-3-83725

組　版　デザイン・編集室エディット
印刷所　平河工業社（本文）
東光印刷所（カバー）
製本所　積信堂
装　丁　中山銀士

校正協力／岩田純子

ISBN978-4-7684-5805-1
定価はカバーに表示してあります。乱丁・落丁本はおとりかえいたします。
http://www.gendaishokan.co.jp/

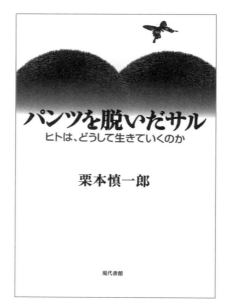